Paula B. Spielhof
Karin Augentaler

Aldi Piccoli
Das erste Aldi-Kinder-Kochbuch

Danksagung

Ich danke den Mitgliedern des Ersten Deutschen Aldi-Fan-Clubs. Sie bekannten sich bereits zu Zeiten, in denen es noch nicht als schick galt, öffentlich zu ihrer Aldi-Leidenschaft. Sie scheuten - ungeachtet von Status und Herkunft ihrer Gäste - keine Gelegenheit, Aldi-Produkte zu verwenden. Vom Kindergeburtstag über Reste-Essen bis zu Silvesterpartys. Eure Feste bleiben uns unvergessen.
Euer Pioniergeist verdient Bewunderung. Mögen euer Mut und eure Offenheit Vorbild für viele sein.

Ganz besonders danke ich meiner Familie. Vom ersten Aldi-Augenblick an schenkte sie mir und meinen Kochkünsten grenzenloses Vertrauen, verzehrte tapfer alle zubereiteten Gerichte, auch die, die - aus gutem Grund - nicht in diesem Buch abgedruckt sind. Sie versetzte bereitwillig ihre Toleranzschwelle nach oben und übte stets liebevolle und konstruktive Kritik. Schön, dass es euch gibt.

Paula B. Spielhof

Paula B. Spielhof
Karin Augentaler

Aldi Piccoli
Das erste Aldi-Kinder-Kochbuch

(fast) alles in Aldi

bebildert von
Marco Olivio & Kristin Goldbloom

all die Tage
schnell kochen – preiswert essen - einfach genießen

BAUMHAUS
VERLAG

Die Autorinnen:

Paula B. Spielhof lebt, zusammen mit ihrer Familie, in Frankfurt am Main. Für dieses Buch schöpfte sie aus reichem Erfahrungsschatz. Als Initiatorin und Mitbegründerin des Ersten Deutschen Aldi-Fan-Clubs wie auch als berufs- und familientätige Mutter wurde sie im Laufe der Jahre einkaufs- und kochkundig. Wobei sie alltägliches Pflichtprogramm gerne bei geringem Zeitaufkommen regelt, um die verbleibende Zeit sinn- und genussvoll mit schönen Dingen und angenehmen Menschen zu verbringen. Paula B. Spielhof leitet das Projekt *Der Spielhof* ©, das sich in der Hauptsache der Erforschung und Entwicklung menschlicher Fähigkeiten und Ressourcen widmet. Spielen ist hierbei durchaus Programm. Aldi Piccoli ist ihre erste Veröffentlichung im Bereich der Kochratgeber.

Karin Augentaler stand für dieses Buch vor allem kostprobend und beratend zur Seite. Sie ist ebenfalls Mitglied im Ersten Deutschen Aldi-Fan-Club und konnte so spielend ihre Koch- und Sparkenntnisse einfließen lassen. Ihre Vorliebe, im Alltag gemachte Beobachtungen in geschriebenes Wort umzusetzen, waren hierbei durchaus dienlich.
Sie ist darüber hinaus ständige Mitarbeiterin im Projekt *Der Spielhof* ©. Sie leitet dort die Abteilung WortWerk. Ihr jahrelanges und diszipliniertes Haushalts-Sparprogramm erlaubt ihr heute, mit Ehemann und Tochter in einem Haus am See in Aldi-Deutschland Süd zu leben.

Illustrationen: Flora Theresa, 8 Jahre alt.

Die Illustratoren:

Mahlzeit und Malzeit liegen für die beiden Illustratoren und Konzeptionisten *Marco Olivio* und *Kristin Goldbloom* eng beieinander. Entstehen doch viele Ideen in der inspirierenden Atmosphäre kulinarischer Genußtempel. Sei es zu Hause oder bei *Danilo & Lucia* und *Claudio & Gabi*. So auch die meisten Visualisierungsideen zu „Aldi Piccoli".

Neben ihren eigenen Arbeiten entwickeln sie gemeinsam unter dem Logo „eine ARTfirma OLIVIERI & GELDERBLOM" unterschiedlichste künstlerische Projekte von der Konzeption/Beratung bis zur Realisation u. a. in den Bereichen Buchdesign, Merchandising, Messestandkonzepte, CBT und MultiMedia.

5

© Baumhaus Verlag AG Zürich - Frankfurt - Bruck

Frankfurt am Main, Mai 1997

Bücher schreiben und zeichnen alleine genügt nicht. Dazu braucht es mehr: Paula B. Spielhof, Karin Augentaler, Marco Olivio und Kristin Goldbloom danken: dem Eichborn Verlag, Frankfurt am Main, für seinen mutigen Vorstoß und den Beginn der „kochenden Leidenschaft", denn den Anstoß zu Aldi Piccoli gab Aldidente, das Reportage-, Koch- und Kultbuch für Erwachsene, von Astrid Paprotta und Regina Schneider (Eichborn Verlag, Frankfurt a. M. 1996).

Für dieses Buch: Der Memminger Zeitung, Verlagsdruckerei GmbH, für die Gesamtherstellung der 2. Auflage, Michael Becker für Typographie und Herstellung sowie Ulla Gast und Horst Cremer-Gast für das Lektorat und besonders Bodo Horn-Rumold für vieles, vor allem Kurzweil und Langmut.

Ein umfangreiches Verlagsverzeichnis schickt gerne: Baumhaus Verlag AG, Juliusstraße 12, 60487 Frankfurt am Main. Dorthin können auch Rezept- und Bastelvorschläge geschickt werden.

ISBN 3-909480-88-8

Vorwort

Voller Freude stellen wir fest, zum Vorwort des ersten Aldi-Kinder-Kochbuchs aufgerufen zu sein.

Wir, die Mitglieder des Ersten Deutschen Aldi-Fan-Clubs, fühlen uns nicht nur geehrt, den besonderen gesellschaftlichen und kulturellen Aspekt dieses unseres Discounters weitertragen zu können, sondern wir begrüßen auch ausdrücklich den Ansatz, unsere Sichtweise über unsere Kinder löffelweise zukünftigen Generationen weiterzugeben. Also: Was ist Aldi?

Aldi ist die Zukunft, nicht nur unter dem Aspekt, preiswürdig einzukaufen, sondern auch unter dem Aspekt, preiswürdige Qualität durch Anwendung adäquat umzusetzen. Für unsere Gäste. Und für unsere Kinder.

Wir benötigen nicht nur die Vervielfältigung unserer Überzeugung in der Gegenwart, wir brauchen auch Katalysatoren für unsere Zukunft. Gerade in der heutigen Zeit der reduzierten Einkommen ist es notwendig, den Weg unserer Vorstellung für die Zukunft zu ebnen.

Was nützt es uns, überteuerte Lebensmittel bei Schlemmer's Feinkost zu kaufen und bei entsprechenden Festen einzusetzen: Nein, unser Leben besteht zu 95% aus Alltag und dieser macht unsere Lebensqualität aus.

Also, bekennen wir uns zum Discounter Aldi und arbeiten so für eine bessere, ehrlichere und genussreichere Zukunft.

7

Bereitet die Kinder vor, unsere mühsam durchgesetzten und gegen eine oberflächlich orientierte Gesellschaft ausgerichteten Erkenntnisse in die Zukunft zu tragen, und gebt den Kindern die Möglichkeit, die Zukunft all die Tage glücklich zu meistern.

Erster Deutscher Aldi-Fan-Club
für den Vorstand: *Paul Hesselbach*
im April 1997

8

Zum Gebrauch des Buches

Alle hier genannten Vorschläge sind entstanden aus eigenen Erfahrungen mit der Auswahl und der Zubereitung von Alltagsmahlzeiten für und mit Kindern. Die Gerichte sollten möglichst einfach und schnell zuzubereiten und im Rahmen eines geringen Haushaltsbudgets realisierbar sein.

Besonderer Wert wurde auch darauf gelegt, dass während der Zubereitung wenig Geschirr zum Einsatz kommt. Weil es wenig nützt, schnell zu kochen, wenn das Instandsetzen der Küche nach dem Essen Stunden in Anspruch nimmt. Wir hoffen, all dies ist uns gelungen. Wenn Sie weitere Vorschläge zu diesen Themen haben und Sie Ihre Erfahrungen mit uns teilen möchten, schreiben Sie uns. Wir freuen uns auf Ihre Resonanz.

Die Rezepte sind, mit Ausnahme der Krabbelstubenmahlzeiten und einiger Getränke, für zwei Erwachsene und zwei Kinder bestimmt. Bitte betrachten Sie die Mengenangaben als Empfehlung.

Denn, das wissen Sie selbst, Kinderportionen sind nicht gut abschätzbar. Am einen Tag essen die Kinder wie die Spatzen, am anderen

9

schlingen sie in sich hinein, als wäre genau diese Mahlzeit ihre letzte. Variieren Sie die Mengen so, dass es genau dem kindlichen Bedarf entspricht. Das können nur Sie. Denn keiner kennt Ihre Pappenheimer und Pappenheimerinnen besser als Sie.

Werden Sie selbst erfinderisch. Wenn Ihre Kinder bestimmte Zutaten nicht mögen, ersetzen sie diese durch andere. Gerade bei Suppen oder Aufläufen ist es für Kinder nicht immer leicht, dreiundzwanzig ungeliebte Erbsen oder siebzehn Champignonscheiben herauszufischen. Mitunter ist der Filius noch mit Suchen und Pulen beschäftigt, während alle anderen bereits mit dem Nachtisch beginnen. Kinder haben meist gute Gründe, bestimmte Lebensmittel nicht zu essen. Auch wenn die Gründe jenseits unseres Vorstellungsvermögens liegen. Machen Sie es Ihrem Kind leicht, das zu mögen, was Sie auf den Tisch bringen, und stimmen Sie sich geschmacklich auf die demokratische Mehrheit am Küchentisch ein. Damit auch Sie es leichter haben.

Die angegebenen Preise sind ungefähre Angaben. Besonders frisches Obst und Gemüse unterliegen Preisschwankungen, die markt- und saisonbedingt sind. Bei Gerichten mit hohem Frischeanteil sind Durchschnittswerte Grundlage der Kalkulation.

Die angegebenen Zeiten sind reine Zubereitungszeiten. Sie beziehen die Spielezeit nicht mit ein. Wenn Sie also gemeinsam mit Kindern die Mahlzeiten zubereiten, sollten Sie sich auch gemeinsam mehr Zeit einräumen. Die Rezepte sind so ausgewählt und zusammengestellt, dass sie ausgesprochen einfach zu handhaben sind. Sie sind besonders

gut geeignet, um auch *mit* Kindern, nicht nur *für* Kinder zu kochen.
Da üben sich Erwachsene in Geduld und Kinder im Kochen.
Die Rezepte enthalten nur wenig Fleisch. Zum einen gibt es, zumin-
dest in Aldi-Süd, nur ein eingeschränktes Angebot, zum anderen und
das ist der Hauptgrund, weigern sich viele Kinder, Fleisch zu essen.
Hierauf ist bei der Rezeptauswahl Rücksicht genommen worden.
Schließlich soll es allen schmecken.
Wir wünschen viel Vergnügen, Spaß und gute Zeit.

*Die Nennung von Produkten
aus diesem Buch dient
ausschließlich
Informationszwecken und
stellt keinen
Warenzeichenmissbrauch dar.
Dieses Buch ist keine Werbe-
broschüre oder eine andere
Form der Absatzförderung,
sondern beschreibt lediglich
subjektive Erfahrungen mit
Einkaufswagen und am
heimischen Herd.*

11

Inhalt

Brote für alle Gelegenheiten

3. Teil: Einfach paradiesisch

Salate

Das Krümelfrühstück

4. Teil: Herr Aldi informiert

Magenwärmer Suppen

13

14

Backen

Die Urkräfte der Natur nutzen: Schön sein mit Aldi

Gut überleben in Aldi
Fit und gesund mit der richtigen Einkaufsgymnastik

Sage mir, wie du einkaufst, und ich sage dir, wer du bist!
Der ultimative Psychotest

Basteln mit Aldi

Spielen mit Aldi

Entdeckungen im Aldi-Land

1. Teil: Multikulturelles Wagenschieben

Für eine Mutter ist es ein besonderes Vergnügen, ohne Kinder einkaufen zu gehen und mit angenehmer Distanziertheit andere Mütter beim Einkaufen zu beobachten. Mit der Freiheit, beide Hände, Augen und Ohren zum Preisvergleichen, Suchen und Lauschen benutzen zu dürfen, fällt es leicht, über andere zu schmunzeln.

Es scheint im Allgemeinen zwei Arten von einkaufenden Müttern zu geben: Die einen schieben ihren Wagen diszipliniert und umsichtig, halten die nötige Distanz zu Miteinkäufern und zu Kisten, Regalen und Wühltischen. Diese Mütter unterhalten sich pädagogisch wertvoll mit dem eigenen Nachwuchs, während sie sich gleichzeitig zwischen Almat und Tandil entscheiden können oder riesige Windelpakete in Einkaufswagen hieven.

Die anderen lassen ihren Wagen überall stehen, entweder in der exakten Mitte des Ganges, damit keiner einfach an ihnen vorbeikommt. Oder sie plazieren den Wagen in Kindergriffnähe zum Regal, wo die im Kindersitz eingeklemmten Kleinen schnellen Zugriff zu Gummibären, Dickmanns oder Schokoriegeln haben.

Und ehe man sich versieht, ist trotz noch nicht voll entwickelter

Feinmotorik in Windeseile die Tüte der Länge nach aufgerissen und die Hälfte der Gummibärchen in die Freiheit entlassen. Mit vollen Händen werden die verbliebenen Süßigkeiten bedenkenlos in den Mund gestopft.

Sie werden eine Mutter dieser Gattung nie dabei entdecken, wie sie die nun auf dem Boden liegenden Bären schnell unter das Regal kickt und eindringlich, aber leise dem Filius mit erhobenem und gleichzeitig wackelndem Zeigefinger zuflüstert: „Das macht man nicht. Nein, nein, nein."

Wie zum Beispiel die Mutter, die mehrere Meter vom Wagen entfernt, in dem das Kind immer noch die letzten Haribos sichtbar genüsslich zerkaut, sich am Wühltisch für Kinder-Streetwear-Anzüge (trend-starkes Outfit, je 25,90 DM) zu schaffen macht, um ein obercooles Outfit in Größe 116 herauszufischen.

Derweil versucht der Junior, sich aus dem Stahlsitz zu befreien. Dann wird er, fast dem Gefängnis entflohen, von einer dauerwellengelockten Dame mittleren Alters harsch zurückgepfiffen. „Setzt du dich jetzt hin! Aber schnell!" Mit Entsetzen im Gesicht tut er das. Scheinbar kraftlos. Minutenlang schaut er diese Oma mit großen Kulleraugen an. So was ist ihm noch nie passiert.

Die Mutter hat in der ganzen Zeit noch nicht den Blick erhoben, sie

...un Tüss...

schichtet immer noch systematisch die knisternden Pakete von vorne nach hinten. Vielleicht sind die kleinen Größen bereits ausverkauft. Aber bei dem Preis kann man auch Größe 128 nehmen. Das schadet nichts, da ist er schnell reingewachsen.

Der Kleine hat sich von seinem Schock wieder etwas erholt. Er startet einen neuen Versuch. Kinder sind glücklicherweise nicht so schnell kleinzukriegen. Der Dauerwellen-Lady wirds jetzt endgültig zu bunt. Sie schreit quer über drei Kassenschlangen der noch immer suchenden Mutter zu: „Könne Se net uff Ihr Kind uffpasse! Wenns rausfällt un' mit dem Kopp uff die Stein' fällt, is' schnell was passiert!"

Die jäh aus tiefer Konzentration herausgerissene junge Mutter sucht die Rufende mit den Augen, wird fündig und lächelt sie an. Sie sagt schlicht: „Oh, danke schön, sehr nett."

Solche Direktheit und Ehrlichkeit gibt es eben nur bei Aldi. Da schieben sich Kulturen und Erziehungsmodelle nebeneinander vorbei wie anderswo nur Einkaufswagen.

Die Oma beruhigt sich erst dann wieder, als sie ihre Waren auf das Band legen darf. Gleich braucht sie selbst jede Konzentration. Wenn sie im Wettlauf mit der Kassiererin ihre Waren blitzartig in den Wagen zurücklegen muss. Gewonnen hat sie bei diesem Spiel noch nie.

20

Die Rezepte

Tipp: Bei allem Durst: Schauen Sie auf den Saft-
packungen oder Flaschen nach den genauen Be-
zeichnungen.
Fruchtsaftgetränke haben 10 - 30 % Fruchtanteil
und ca. 10 % Zuckeranteil. Fruchtnektar hat
einen Fruchtanteil von 25 - 50 %, Zucker bis 20 g
pro 1000 ml. Nur Fruchtsaft hat als einziger einen
100 %igen Fruchtanteil und Zucker bis 15 g pro
1000 ml.

Anemones Kraft-Saft

1/4 l Orangensaft
rio d'oro
1/4 l Karottensaft
1 Becher Joghurt
mild

Alle Zutaten im Mixer schnell schaumig rühren.
Der Inhalt ergibt drei gefüllte Gläser.

Bereiten Sie ruhig die doppelte oder dreifache
Menge zu, denn auch für Erwachsene ist dies ein
leckeres und schmackhaftes Kaltgetränk.

Orangen und Karotten hegen eine heimliche
Freundschaft, die in diesem Saft ihre Wirkung
entfalten kann.

Es dauert: 5 Minuten
Es kostet: etwa ,99 DM

Tipp: Lecker schmeckt übrigens auch eine Suppe
aus Karotten, der kurz vor dem Servieren der Saft
einer halben, frisch gepressten Orange zugesetzt
wird. Dann nicht mehr kochen lassen, damit die
Suppe nicht gerinnt. Mit einem Schuss Sahne ein
köstliches Sommeressen.

22

Einsteins Power-Drink

Alle Zutaten zusammen mit der vorher in kleinere Stücke geschnittenen Banane in einen Mixer geben und mindestens zwei Minuten schaumig rühren. In zwei Gläser füllen. Mit Eiswürfel kühlen und mit Strohhalm versehen. Dieser Drink ist zum sofortigen Verzehr bestimmt und eignet sich besonders zum Start vor Aufgaben, die Konzentration erfordern.

1/3 l Traubensaft
1-2 TL Wald-Honig
1 TL Öl, z.B. Färber Distelöl
1 Banane

Es dauert: 7 Minuten
Es kostet: etwa -,99 DM

Tipp:
Dieser Drink ist ein echter Konzentrationshelfer. Bananen enthalten Serotonin, einen wichtigen Neurotransmitter. Honig enthält Glukose und hebt den Zuckerspiegel. Und ein niedriger Zuckerspiegel ist eine häufige Ursache für Konzentrationsschwäche.
Für Kinder sind Hausaufgaben meist eine Plage und deren Sinn für viele Erwachsene diskussionswürdig. Solange es Hausaufgaben noch gibt: Erleichtern Sie Ihrem Kind diese Arbeit. Mit Bewegungspausen, freien Telefoneinheiten für das Schwätzchen mit Freund oder Freundin zwischendurch. Und zum Beispiel mit Power-Drinks.

23

Bei großem Durst: Winnie Proost

Eine Tagesration
für 2 - 3 Kinder:
5 TL Früchtetee
Westcliff (R) Früch-
tetraum
1/2 l Orangensaft
rio d'oro

Früchtetee mit 1 Liter heißem Wasser zubereiten und acht Minuten ziehen lassen. Den Orangensaft zum leicht abgekühlten Tee geben.

Dieses Getränk kann kalt und warm und vor allem in Riesenmengen getrunken werden. Es kann sich zu einem echten Sommerhit entwickeln.
Es wird keine zusätzliche Süße benötigt - nach Bedarf kann selbstverständlich Zucker oder Honig zugegeben werden.

Es dauert: 10 Minuten
Es kostet: etwa -,69 DM

Tipp: Versuchen Sie es bei Ihren Kindern zunächst ohne Beigabe zusätzlicher Süßmittel. Und denken Sie daran: Nach dem derzeitigen Stand der Gesundheitsreform bekommen Menschen, die nach dem 31.12.1978 geboren wurden, von den gesetzlichen Krankenkassen keine finanzielle Unterstützung zu benötigtem Zahnersatz!

24

Lolas Bären-Trunk

Zutaten in einen Mixer geben und so lange pürieren, bis alle Fruchtstücke zerkleinert sind. Eiskalt und mit zwei bis drei klimpernden Eiswürfeln servieren.

Zur Beerensaison können Sie selbstverständlich auch frische Früchte verwenden. Dann ist dieser Drink noch vitaminreicher.

Es dauert: 4 Minuten
Es kostet: etwa 2,98 DM

500 ml Trinkjoghurt Himbeergeschmack
1 Dose Himbeeren

Tipp: Wenn Ihr Kind die kleinen Kerne der Himbeeren nicht schätzt, verwenden Sie anderes Obst, z. B. Heidelbeeren im Glas - oder frische Früchte.

25

Echt indisch: Lassi - Der Durstlöscher

1 Becher Joghurt
150 ml Wasser
1-2 TL Honig oder
Zucker
Minzeblättchen

Alle Zutaten im Mixer schaumig rühren, mit Eiswürfeln gekühlt und mit frischen Minzeblättchen garniert sofort genießen.

Dieses köstliche, erfrischende Sommergetränk kann mit allen möglichen frischen Früchten zubereitet werden. Gut schmeckt Erdbeer-, Melonen- oder Mangolassi. Für zwei Gläser etwa 80 - 100 g Fruchtfleisch im Mixer mit den anderen Zutaten pürieren.

Dazu passen am besten Geschichten aus Tausendundeiner Nacht oder indische Märchen.

Es dauert: 4 Minuten
Es kostet: etwa -,35 DM (ohne Früchte)

26

Zum Geburtstagskuchen:

Pfirsich-Bowle „Goldfluss"

Den Saft der Pfirsiche abgießen. Die Pfirsichhälften grob zerkleinern und mit einem „Zauberstab" fein pürieren. In einer großen Kanne oder Bowlengefäß mit Apfelsaft, dem Pfirsichsaft aus der Dose und Mineralwasser sowie dem Saft einer Zitrone mischen.
Mit Minzeblättchen und je einer Zitronenscheibe (ohne Schale) auf jedes Glas aufgesteckt garnieren.

1 Dose Pfirsiche
1/2 l Apfelsaft rio d'oro
1/2 l Mineralwasser
1-2 Zitronen
mehrere Minzeblättchen

Es dauert: 12 Minuten
Es kostet: etwa 3,27 DM

Tipp:
Diese Mischung kann auch in Eiswürfelbehältern oder Eisförmchen tiefgefroren werden und ergibt dann ein preiswertes Fruchteis.

27

Der gute Wunsch-Punsch

1 Flasche
Multivitaminsaft
Honig
1 - 2 Spritzer
Zitronensaft
2 Gewürznelken
Honig

Den Multivitaminsaft mit den Gewürznelken erhitzen, nicht kochen. Dann mit Honig und Zimt gaumenfreudig abstimmen.

Der gute Wunsch-Punsch passt bestens in die kalte Jahreszeit.

In eine Decke auf dem Sofa eingekuschelt, hören auch schon ganz kleine Kinder gerne wundersame Geschichten. Zum Beispiel vom Wunsch-Punsch (Michael Ende, Thienemann Verlag), von „Hexenwald und Zaubersocken" (Jutta Richter, Oetinger Verlag) oder natürlich gerade in diesem Moment selbst erfundene von Hexen, Zauberern oder fliegenden Drachen oder...

Es dauert: 10 Minuten
Es kostet: etwa 1,87 DM

Entdeckungen im Aldi-Land

2. Teil: Kinderwünsche und Mütterwünsche

Die Albrecht-Brüder scheinen sehr genau zu wissen, was Kinder wünschen. Mit ständig wechselnden Sonderangeboten und Zusatzartikeln reagieren sie auf die Bedürfnisse moderner Kinder von heute. Der Discounter bietet jede Woche neue, verlockende und unschlagbar günstige Angebote für Kinder jeden Alters.

Vom 61 Teile umfassenden Malset (60 Filzstifte und ein Malbuch) zu Hörspielkassetten von Grimms Märchen bis Benjamin Blümchen. Gut sortiert und aufgeschichtet in den Kassenschütten für unter sechs Mark. Das vertreibt die kurze Wartezeit am langen Laufband. Da kann Kind wühlen und vergleichen, um unfehlbar am Bild zu erkennen, dass genau diese Kassette noch in der eigenen Sammlung fehlt. „Mama, krieg ich die, die hab ich noch nicht. (Pause). Bitte!" Spätestens beim liebreizenden „Bitte" greift Mutter mit erwärmtem Herzen gerne zu. Mit unglaubwürdiger Strenge behauptet sie schnell noch: „Das reicht dann aber, mehr bekommst du nicht. Immer nur eine Sache, dann tut Mama die Schokolade wieder zurück!"

Das Kind lernt schnell. Vor solche Alternativen gestellt - Schokolade oder Kassette - kommt das ergebnis-orientierte Denken blitzschnell in Gang. Erstens: Kassette ist besser als Schokolade. Zweitens: Die Oma hat sowieso noch welche. Und drittens: Morgen gehen wir ja wieder einkaufen.

Das Kind lernt spielerisch Preisvergleichen und besteht so mit Bravour den Grundkurs „Kind sein in der freien Marktwirtschaft".

Den umgekehrten Fall gibt es allerdings auch. So wie letztes Jahr kurz vor Weihnachten. Da lagen sie. Vor der Kasse. Ganz frisch eingeräumt und deshalb noch akkurat im rechten Winkel aufgestapelt: Süderhof-CD-ROMs. Für sage und schreibe unter 15,- DM.

Bei diesem Preis werden Mütteraugen starr und man sieht, dass sämtliche Gehirnzellen der linken und rechten Hemisphäre gleichzeitig aktiv sind.

Zugegeben: Auch ich griff zu. Obwohl ich mir nicht sicher war, ob mein Computer die auf der Packung geforderte Farbvielfalt und Speicherkapazität bieten konnte. Die Entscheidung war dennoch schnell gefällt: Wenn die CD-ROM bei uns nicht liefe, wäre sie auch ein schönes Weihnachtsgeschenk

für ein anderes Kind. Prompt fielen mir mindestens drei Mädchen im gehobenen Grundschulalter und mit eigenem PC ein, bei dem jeweils die nötigen Systemvoraussetzungen erfüllt wären.
Der ganze Entscheidungsprozess dauerte nur Bruchteile von Sekunden.

Hinter mir in der Warteschlange eine Mutter mit einem schätzungsweise zweieinhalbjährigen Kind. Wachen Auges hatte sie mich bei meiner Kaufentscheidung beobachtet. Dem Aussehen nach schätzte ich die Frau als Sozialpädagogin oder Erzieherin mit 24,75-Wochenstunden-Beschäftigung ein. Die erste Bestätigung meiner Vermutung erhielt ich, als mich die Mutter fragte: „Ab welchem Alter sind die denn?", auf besagte Packung deutend.

Ich sagte, ich wisse es nicht, und - mit Blick auf ihr fröhliches und unbeschwert wirkendes Kleinkind: Ich würde aber davon ausgehen, dass das Kind wohl mindestens sechs bis sieben Jahre alt sein sollte. Schließlich sei es gut, wenn der Umgang mit der Maus schon etwas geübt sei.

Mutterstolz ließ ihr Kinn nach oben schnellen: „Mit der Maus kann sie schon lange umgehen." Das Mädchen, das ich zuvor dummerweise für einen Jungen gehalten hatte, grinste.
Mich beschlich eher das Gefühl, die sympathische Krabbelstubenprinzessin denke zwar an eine Maus, aber an eine weiße. Eine lebendige. So eine, die im Käfig rumspringt und mit winzigen Pfötchen an Apfelstückchen nagt. Vielleicht war die Mutter doch keine Pädagogin.

Schinkenröllchen „Babe"

6 Scheiben Butter-
toast
Butter oder Marga-
rine, z.B. Bellasan
Gouda am Stück
6 1/2 Scheiben
gekochter Schinken
Zahnstocher

Die Toastscheiben mit einem Nudel-
holz flach rollen. Jede Scheibe leicht buttern oder
mit Margarine bestreichen. Auf die gebutterten
Toastscheiben je eine Schinkenscheibe legen.

Vom Gouda ca. 1,5 cm dicke Scheiben schneiden
und diese so teilen, dass es sechs Käsestangen
ergibt. Eine Käsestange an den Brotrand legen und
- mit dem Käse beginnend - das Ganze aufrollen.
Mit einem oder zwei Zahnstochern befestigen.
Überstehenden Schinken abschneiden.

Die Schinkenröllchen eignen sich sowohl als Schul-
brot wie auch für Kindergeburtstage. Gute
Begleiter sind Cocktailtomaten oder Eisbergsalat
mit kalifornischem Dressing (Basis Joghurt und
Ketchup, z.B. Kim Ketchup).

Es dauert: 17 Minuten
Es kostet: etwa 3,54 DM

Tipp: Der restliche Gouda kann leicht zu Reibekäse verarbeitet werden. Geliebt zu Spaghetti
mit Saucen oder über gemischtem Sommersalat.

Pongo-und-Perdita-Brot

Das Vollkornbrot mit Schnittlauchfrischkäse bestreichen und die zweite Scheibe obenauf legen. Diese nun ebenfalls mit Käse bestreichen und mit der dritten Scheibe abschließen. In kleine Rechtecke schneiden.

Es dauert: 7 Minuten
Es kostet: etwa 1,18 DM

3 Scheiben Vollkornbrot
Schnittlauchfrisch-käse

Tipp: Sie können auch nur einfach geklappte Stullen herstellen und mit Hilfe von Plätzchenformen handliche Portionen ausstechen, z.B. Herzen, Sterne oder auch Hunde. Das essen meist auch Kinder, die sonst kein Vollkornbrot mögen. Diese Brote können Sie in den Kindergarten, die Schule oder ins Kino mitgeben.

Bären-Mutter-Brot

4 Scheiben
Vollkornbrot
Butter oder Marga-
rine, z.B. Bellasan
2 kleine Bananen
Waldfrucht-
Marmelade

Das Brot gut buttern und mit Bananenscheiben belegen. Auf die einzelnen Scheiben je einen kleinen Klecks Waldfruchtmarmelade geben.

Zusammen mit einer kleinen Geschichte über Bärenmütter zum Frühstück reichen.

Es dauert: 3 Minuten
Es kostet: etwa 1,59 DM

34

Schlafmützen-Brötchen

Die Eier in eine Schüssel aufschlagen und mit der Milch verquirlen. Die Milchbrötchen in 2 cm dicke Scheiben schneiden und in die Ei-Milch-Mischung eintauchen, bis sie eingezogen ist.
Butter in einer Pfanne zerlaufen und heiß werden lassen. Die Scheiben bei mittlerer Hitze eine Minute goldgelb backen. Nach dem Wenden die andere Seite ebenfalls bräunen lassen.

Dieser frühe Magenwärmer kann mit einer Spur Honig bedeckt oder mit Früchtequark gereicht werden. Als Begleiter taugen heißer Kakao oder einfache warme Milch. Das schafft einen leichten Übergang vom Schlafen zum Wachwerden.

Es dauert: 6 Minuten
Es kostet: etwa -,79 DM

2 Eier
2-3 EL Milch
2 Ibis-
Milchbrötchen

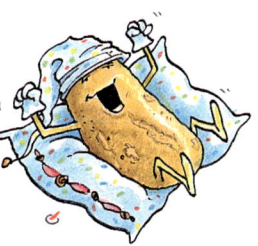

Krabbenecken „Armando"

Für ca. 6-8 Personen

1 Schale Krabben
in Lake
1 Ei
1 kleine Zwiebel
1/2 Päckchen
Buttertoast

Zuerst den Ofen auf 175 Grad vorheizen. Zwei
Backbleche mit Backpapier auslegen. Die Krabben
über einem Sieb von der Lake befreien und
mehrmals waschen.

Krabben, Ei und zuvor bereits grob gehackte Zwiebel im Mixer oder mit dem Pürierstab klumpenfrei
pürieren. Die Krabbenmischung gleichmäßig auf
die Brotscheiben streichen.

Jede Scheibe diagonal durchschneiden, so dass
zwei Dreiecke entstehen. Alle Dreiecke auf die
Bleche legen. Im bereits heißen Ofen 15 Minuten
backen, bis der Belag goldgelb und leicht
aufgegangen ist.

Die Krabbenecken schmecken warm serviert am
besten. Gute Freunde sind Gurkenscheiben oder
frische Tomatenspalten.

Es dauert: 10 Minuten (ohne Backzeit)
Es kostet: etwa 3,39 DM

Tipp: Ein Backblech, das Rost angesetzt hat, können Sie wieder verwendbar machen, indem Sie
es mit Salz bestreuen und mit Olivenöl abreiben.

Broto di Giovanni

Die Brotscheiben hauchdünn buttern. Die Lake vom Mozzarella abgießen und den Käse in 8 Scheiben schneiden. Die Strünke der Tomaten herausschneiden; die gewaschenen Tomaten ebenfalls in Scheiben schneiden. Die Brotscheiben erst mit Tomaten, dann mit Mozzarella belegen. Im vorgeheizten Backofen bei 180 Grad so lange backen, bis der Käse geschmolzen ist.
Auf die fertigen Broti das gehackte Basilikum streuen.

4 Scheiben Fränkisches Roggenbrot
1 Packung Mozzarella
2 Tomaten
nach Belieben
Basilikum
etwas Butter

Tipp: Überlassen Sie dem Kind die Entscheidung, ob es Basilikum essen möchte oder nicht. Sie ersparen sich Ärger.

Es dauert: 10 Minuten
(ohne Backzeit)
Es kostet: etwa 2,19 DM

Buon appetito

37

Entdeckungen im Aldi-Land

3. Teil: Einfach paradiesisch

Es gibt keinen Zweifel. Ein Aldi-Markt ist ein Kinderparadies. Nicht zuletzt deshalb, weil es dort wenig Personal gibt.

Das vorhandene Personal sitzt entweder gut beschäftigt an den Kassen und vereinigt das Fingergeschick eines Klaviervirtuosen mit dem einer Stenotypistin mit mindestens zehn Jahren Berufserfahrung. Oder das Personal räumt Regale ein und schiebt palettenweise Toilettenpapier oder Orangensaft in die frei gewordenen Lücken.

Mitunter sammelt eine schnelle, bienenfleißige Mitarbeiterin auch die Scherben einer am Boden zerschellten Eierlikörflasche auf und beseitigt mit professionellem Reinigungsgerät die Spuren, die sich in kürzester Zeit via Einkaufswagen als sichtbar parallel verlaufende Alkoholspuren den Gang entlangschlängeln.

Man merkt: Die Kunden sind froh, dass das Malheur nicht zu Hause passiert ist. Manche umrunden geschickt die Likörpfütze, andere scheinen sich einen heimlichen Wunsch zu erfüllen und sich selbst endlich mal zu erlauben, genau da durchzufahren. Einem unbewussten Leitsatz folgend: „Hier bin ich Kunde. Hier darf ich sein."

Wen wundert es, wenn Kinder sich diese Menschen als solche mit Vor-
bildcharakter heranziehen, um ihre eigenen Abenteuer zu erfinden
und zu erleben. Möglichkeiten bietet ein Aldi-Markt zur Genüge. Und

Kinderfantasie ist bewundernswert und schier unerschöpflich. Weil es bei Aldi keine Miniatur- Kinderwagen
gibt, die dem jüngsten Kunden das Gefühl eigenständigen
Einkaufens in der Vision eines Riesen- kaufladens geben;
bleiben genau zwei Möglichkeiten:
Entweder sitzt das Kind im großen Einkaufswagen
oder es kann sich frei und auf eige- nen Beinen
ungehindert bewegen. Letzteres bietet solchen,
die des selbstständigen Gehens ohne Halte-
griffe bereits mächtig sind, vielfältige
Abenteuer.

Alle diese Abenteuer geben die Chance, die Welt mit allen Sinnen zu erfahren und zu erkunden.

Beispiel Zuckertüten. Diese werden im Aldi-Markt meist auf Paletten präsentiert und zum Kauf angeboten. Der Zuckerberg baut sich allmählich ab. Wenn man, als Kind versteht sich, einen günstigen Augenblick erwischt, ist der Berg auf ein spielfähiges Maß von ca. 30 bis 50 Zentimetern geschrumpft. Dann kann man sicher sein, dass mindestens eine Zuckertüte geplatzt ist und ihren Inhalt großflächig freigegeben hat.

Zunächst probiere man mit angefeuchteten Fingern, ob es sich wirklich um Zucker handelt. Danach zerreibe man großzügig eine Hand voll zwischen den Händen und bewundere das gemächliche Herunterrieseln der süßen Körnchen.
Dies versuche man sodann mit verschiedenen Untergründen. Es entstehen unterschiedliche Klänge, je nachdem, ob der Zucker auf andere volle Papierpackungen trifft oder auf die Latten der Holzpalette oder gar auf den harten Fußboden.
In jedem Fall kann man mit einem Fuß auf ein Zuckerhäufchen treten und unter sanften Links-rechts-Drehungen den herrlich knirschenden Tönen lauschen.
Zucker unter Schuhsohlen macht sich auch gut beim Laufen. Es wird

40

bei jedem Schritt leiser und man kann versuchen, jedes Mal ein Stück weiterzukommen. In süßem Zuckerduft eingehüllt, ein feines Wahrnehmungsspiel.

Trotz des wenigen Personals sollte man sich als Kind schon etwas vorsehen. Wachsame Mütter und strenge Opas und Omas lauern überall. Nur in Aldi eben seltener als in anderen Geschäften.

Es wird seinen Grund haben, dass es in Aldi keine Durchsagen gibt wie: „Der kleine Kevin möchte aus dem Kinderparadies abgeholt werden."

PS: Liebe Kinder, das, was hier beschrieben wurde, dürft ihr bitte nicht nachmachen. Das wisst ihr ja schon. Mit Essen spielt man nicht. Dieses Spiel könnt ihr auch gut im Sandkasten machen. Das ist dann genauso schön. Ich habe nur beschrieben, was ich einmal selbst beobachtet habe.

Speedys Bohnen-Mais-Salat

1 Dose Kidney-Bohnen
1 Dose Gemüse-Mais
1 kleine Zwiebel
1 EL Essig
2 EL Färber-Distelöl
Salz
Pfeffer

Die Bohnen zusammen mit dem Mais in ein Sieb geben, die Flüssigkeit abtropfen lassen. Das Gemüse kalt abbrausen. Daneben eine Vinaigrette aus Essig, Öl, Salz und Pfeffer herstellen. Die sehr fein gehackte Zwiebel unter die gut abgetropfte Bohnen-Mais-Mischung heben.

Dann die Sauce übergießen und unterheben. Am besten schmeckt dieser Salat, wenn er mindestens eine halbe Stunde durchgezogen ist. Vor dem Genuss unbedingt noch einmal abschmecken und bei Bedarf nachwürzen.

Dazu passt gut frisches Brot. Auch wenn das Brot nicht mehr ganz so frisch ist, gibt es eine schmackhafte, zu diesem Salat passende Möglichkeit: Brotscheiben leicht buttern, mit Käsescheiben, z.B. Karwendel Käseaufschnitt, belegen. Überstehende Käseränder abschneiden. Bei 200 Grad im vorgeheizten Ofen den Käse zerlaufen lassen, bis der sich leicht hebt und einen Hauch Bräune bekommt.

Wenn rohe Zwiebel ungeliebt sind, können sie auch

kurz in heißer Gemüsebrühe gedünstet werden. Die
Zwiebeln verlieren dann an Schärfe.

Es dauert: 15 Minuten
Es kostet: etwa 1,87 DM

Rogers Rohkost

1-2 Äpfel
250 g Karotten
30 g Haselnüsse
1/2 Kohlrabi

Sauce:
1 Becher Joghurt
natur,
Saft einer halben
frischen Zitrone
oder Zitronensäure
1-2 TL Honig, je
nach Geschmack
Salz, Pfeffer

Äpfel schälen und vom Kerngehäuse befreien.
Kohlrabi und Karotten mit einem Sparschäler
abschälen. Geputztes Gemüse und Obst grob
raspeln. Die Zutaten für die Sauce mischen und
evtl. mit Salz und Pfeffer abschmecken. Die Sauce
über das Gemüse verteilen und gut durchmischen.
Dieser Salat ist - wie jede andere Rohkost auch -
zum sofortigen Verzehr bestimmt, damit die aufge-
schlossenen Vitamine erhalten bleiben.

Es dauert: 18 Minuten
Es kostet: etwa 2,99 DM

Tipp: Die leere Flasche der Zitronensäure kann
später als Spielzeug in der Badewanne
verwendet werden. Damit Ihr Kind neben dem
Waschen auch noch das Zielen lernt. Aber legen
Sie vorher die Ziele fest.

Picknick-Salat

Obst und Gemüse waschen und in Würfel
schneiden. Aus den restlichen Zutaten eine
Salatsauce herstellen und zum Salat geben. Gut
abschmecken. Dieser Salat ist gut für Picknicks
geeignet.
Hierfür wird die Wolldecke benötigt. Und wenn das
Wetter zu schlecht ist, um rauszugehen, wird das
Picknick im Haus oder Wohnung veranstaltet.
Kinderzimmer und Esszimmer sind hierfür bestens
geeignet.
Bei der Herstellung dieses Salats können Kinder
gut mitmachen. Unter Aufsicht haben sie so die
Möglichkeit, den Umgang mit dem Messer zu üben.

Es dauert: 19 Minuten
Es kostet: etwa 3,99 DM

2 Äpfel
1 rote und 1 grüne
Paprikaschote
3 Tomaten
1 Salatgurke
Öl
Zitronensaft oder
Zitronensäure
Salz
Pfeffer
1 Wolldecke

45

46

Das Krümelfrühstück

Erwachsene wollen am Wochenende ausschlafen und Kinder stehen auch samstags und sonntags meist mit den Hühnern auf. Damit beide Seiten zu ihrem Recht kommen, wurde diese besondere Art des Frühstückens erfunden.

Gut geeignet sind Knäckebrot, Ibis Milchbrötchen, Marmelade und Honig, Cornflakes, Joghurt und Quark sowie frisches Obst je nach Saison. Anstatt Butter sollte man Margarine vorschlagen, weil sie streichfähiger ist.

Am Vorabend wird alles vorbereitet und zusammengestellt. Joghurt, Quark und Margarine werden im Kühlschrank deponiert. Alle anderen Sachen, zusammen mit dem nötigen Geschirr, können auf einem Tablett im Kinderzimmer abgestellt werden.

Ganz besonders viel Spaß macht das Krümelfrühstück, wenn Übernachtungsbesuch im Haus ist.

Wichtig ist, mit den Kindern am Vorabend die nötigen Vereinbarungen zu treffen. Bewährt hat sich folgendes Abkommen:

Ja, es darf im Bett gefrühstückt werden.

Nein, die Gespräche dürfen Zimmerlautstärke nicht überschreiten.
Ja, es darf Krümel geben.
Nein, die Erwachsenen dürfen nicht geweckt werden.
Ja, es darf eine Höhle gebaut werden.
Nein, die Glotze wird nicht angestellt.
Ja, später räumen wir gemeinsam auf.

Kinder lieben klare Vereinbarungen. Dann haben alle Beteiligten gute Chancen, dass die Absprachen auch eingehalten werden.

Diese Frühstücksidee sollte sich allerdings nicht einschleifen. Sie sollte etwas Besonderes bleiben. Denn auch das gemeinsame Frühstück hat seine Berechtigung im Familienleben.

48

Entdeckungen im Aldi-Land

4. Teil: Herr Aldi informiert ...

Ich bin Mutter und das bin ich auch gerne. Ich habe es so gewollt und nicht bereut. Zudem bin ich auch - denke ich doch - einigermaßen intelligent, lese täglich mindestens eine Zeitung, verfolge das politische und wirtschaftliche Geschehen mit Interesse und schätze mich glücklich, im Besitz einer eigenen Meinung zu sein.
Auch über Werbung. Und alle mit dem Absatz von Produkten und Dienstleistungen verbundenen Anstrengungen der Anbieter. Marketing eben. Im Laufe meiner Lebensjahre bin ich souveräner geworden, betrachte die Mühen und Kosten der Hersteller um das Gewinnen meiner Aufmerksamkeit und Steigerung meiner Kaufbereitschaft mit Amüsement. Ich fühle mich geehrt. Seit mir klar ist, dass auch dies - wie die meisten Erfindungen der Menschen - nicht neu, sondern aus der Natur abgeschaut ist. Tiere werben auch um die Gunst der Auserkorenen. (Neudeutsch heißen die Auserkorenen „Zielgruppe".)
Also. Ich habe verstanden. Ich gehöre zu den Privilegierten, um die gebuhlt wird. Und deshalb kann ich auswählen. Ich kann ja sagen oder auch nein. Unumstößlich. Ich kann kaufen. Oder ich kann es lassen.
Um auf Aldi zu kommen: Ich habe gehört, dass in der Marktforschung manchmal ein Unternehmen wie eine Person beschrieben wird, um die

Sympathie und Treue der Zielgruppe herauszufinden. Als Frage heißt das dann beispielsweise. „Wie sieht Mister Lufthansa aus, wie alt ist er, welche Charakterzüge sind die hervorstechenden?", usw.

Aldi, so gesehen, wäre für mich ungefähr wie folgt:

Herr Aldi ist eine ganz ehrliche Haut. Hart, aber herzlich. Er macht kein großes Trara. Was da ist, ist da. Und das kannst du haben. Was nicht da ist, ist eben nicht da. Da kann man nichts machen. Wahrscheinlich wäre es zu teuer gewesen, es zu beschaffen. Oder es ist ausverkauft. Wer zuerst kommt, mahlt zuerst. Wer zu spät kommt, den bestraft das Leben.

Auch wenn dir mal was nicht passt - du weißt immer, wo du bei Herrn Aldi dran bist. Hinterlist und Geheimnisse kann man ihm nicht vorwerfen. Im Gegenteil: Er ist ein Mann der klaren Entscheidungen.

Er hätte es auch anders machen können. Schön drapierte Waren, im Einheitslook gekleidete Verkäuferinnen mit hoher Beratungskompetenz und flexiblem Dienstleistungslächeln. Und mit Nach-Hause-Bringservice ab 100 Mark. Hat er halt nicht. Er hat sich anders entschieden. Er stellt das Zeug hin und du nimmst dir, was du brauchst. Dafür zahlst du weniger. Klare Sache, oder?

In Aldi gibt es keine spezielle Platzierung teurer Waren in Augenhöhe und billiger „Verkauft-sich-selbst-Artikel" in mühsam erreichbaren, bodennahen Regalen. Das meiste steht sowieso auf Paletten. Vom Boden bis in Augenhöhe.

Die Brottheke ist sicherlich nicht mit künstlichem Brotgeruch aus unsichtbaren Düsen beduftet. Eine Brottheke gibt es nicht. Brot, Brötchen und andere Backwaren sind säuberlich in Grüne-Punkt-taugliche Hüllen verpackt und ehrlich billig mit gut sichtbaren, neonroten Schildern ausgepreist. Da kennt sich die Kundschaft aus.

Über die Beleuchtung für Fleisch, die das Rote noch röter wirken lässt und somit appetitlicher, müssen wir nicht reden. Es gibt sowieso kein Frischfleisch in Aldi. Zumindest nicht in Aldi Süd.

Keiner dieser verkaufspsychologischen Tricks wird eingesetzt. Deshalb kaufen wir auch nicht mehr, als wir gebrauchen können. Wir kaufen nur deshalb mehr, weil alles so schön billig ist.

Gut gemacht, Herr Aldi.

Schnell und einfach: Tomatensuppe

2 Dosen Gold Berry geschälte Tomaten
1 Würfel Klare Gemüsebrühe Lachende Köchin
1 gekochte Kartoffel
2 EL Sahne
2-3 EL Schmand
je ein Hauch Salz, Pfeffer und Zucker

Die Tomaten zerkleinern, mit dem Saft, dem Gemüsebrühwürfel und der gewürfelten, gekochten Kartoffel erhitzen. Mit dem Passierstab durch ein feines Sieb treiben. Die Suppe nochmals erhitzen, mit Sahne verfeinern und abschmecken. Auf Suppenteller verteilen und je einen Klecks Schmand in die Mitte geben.

Die Optik wird perfekt, wenn fein gehackte Petersilie oder Basilikum über die heiße, dampfende Suppe gestreut wird.

Es dauert: 18 Minuten
Es kostet: etwa 1,48 DM

Tipp: Diese Suppe kann gut am Tag nach „Pellkartoffeln mit Quark" zubereitet werden. Die übrig gebliebene „Anstandskartoffel" - sofern es das bei Ihnen gibt - verwenden Sie für die Tomatensuppe.

Brokkolicremesuppe

Den Brokkoli putzen, waschen und in Röschen zerteilen. Die Zwiebel fein hacken und in der Butter glasig anschwitzen. Das Gemüse dazugeben und unter zartem Wenden kurz mitdünsten. Mit der Brühe aufgießen und würzen. Bei mittlerer Hitze die Suppe etwa 10 Minuten köcheln lassen. Im Mixer oder mit einem Pürierstab schaumig zerkleinern. Den Schmand unterziehen und nach Gusto nachwürzen. Wenn Sie möchten, können Sie Croûtons dazu reichen:
Buttertoast-Scheiben toasten, würfeln und kurz in wenig heißem Olivenöl in einer Pfanne knusprig bräunen.
Oder Sie verwenden gleich fertige Croûtons Lachende Köchin. Die sind allerdings nicht ständig im Sortiment.

Es dauert: 24 Minuten   Es kostet: etwa 3,19 DM

Variation:
Diese Cremesuppe lässt sich auch gut mit Blumenkohl zubereiten und mit kleinen Würfeln von gekochtem Schinken würzen.

500 g Brokkoli
2 EL Butter
1 Zwiebel
2 Würfel Gemüsebrühe Lachende Köchin
Pfeffer
5 EL Schmand

Tipp: Bei durchfallkranken Kindern helfen in der Tat Salzstangen mit Cola. Die Salzstangen regulieren den Mineralstoff-Haushalt, Cola regt den Kreislauf an. Außerdem finden Kinder, die sonst dem Cola-Verbot unterliegen, diese Medizin „obercool". Und das hilft ganz erheblich beim Gesundwerden.

53

Maissuppe Prima Vera

1 Dose Mais
1/2 Zwiebel
1 EL Sonnenstrahl
Weizenmehl
2 - 3 Karotten
1/2 l Gemüsebrühe
Lachende Köchin
200 ml Sahne
150 g Frischkäse
Salz
Pfeffer
Kräuter
1 EL Färber Distelöl

Die Zwiebel sehr fein hacken und im Öl leicht anschwitzen lassen. Die Karotten putzen und fein schneiden - entweder in dünne Scheiben oder in Streifen. Karotten dazugeben und kurz mitschwitzen lassen. Das Mehl überstäuben, das Ganze mit dem Wasser ablöschen und kurz rühren, damit sich keine Klümpchen bilden können. Die Sahne zugeben und fünf Minuten köcheln lassen. Den gut abgetropften und abgebrausten Mais dazugeben und nochmals fünf Minuten bei mittlerer Hitze garen lassen. Danach den Frischkäse zufügen und unter sanftem Rühren schmelzen lassen. Mit Salz und Pfeffer abschmecken. Ein Hauch Knoblauch tut dieser cremigen Suppe ebenfalls gut. Nehmen Sie so viel, wie Sie es für verträglich halten.

Es dauert: 18 Minuten
Es kostet: etwa 3,68 DM

54

Erbsensuppe Prima Klaus

Die Erbsen im eigenen Wasser in einen Topf geben und mit einem halben Liter Wasser und dem Brühwürfel zum Kochen bringen. Mit dem „Zauberstab" fein pürieren und ebenso fein mit den Gewürzen und der Sahne abschmecken. Am Schluss noch einmal mit dem „Zauberstab" so lange aufschlagen, bis die Suppe schaumig ist.

Je nach Gusto mit frischen Kräutern, Croûtons oder - für Erwachsene - mit Kaviar garnieren.

Es dauert: 13 Minuten
Es kostet: etwa 2,19 DM

2 Dosen Erbsen
1/2 l Gemüsebrühe
Lachende Köchin
100 ml Sahne
Salz
Pfeffer
1 Prise Zucker

Tipp: Das Aufschäumen von Suppen ist ein Kniff, den Gourmetköche anwenden. Es soll den Geschmack verstärken und sieht in jedem Fall schön aus.

55

Entdeckungen im Aldi-Land

5. Teil: Veronika, der Lenz ist da.

Als erfahrene Aldi-Käuferin hat man es eben leichter als die Aldi-Anfänger. Man schöpft aus reichem Erfahrungsschatz.

So weiß ich beispielsweise, dass pünktlich zur Pflanzzeit in jedem Jahr preiswürdige Angebote für Balkon- und Beetpflanzen kommen. Wo ich früher noch über Baumarkt, Gartencenter und Blumenladen nachdachte, bin ich heute gelassener geworden. Aldi wirds schon rich-

ten. Und siehe da: Die wöchentliche Anzeige „Aldi informiert …" bestätigt meine Erfahrung. Da steht es: „Beetpflanzen für Balkon und Garten. In verschiedenen Sorten und Farben: Petunien, Tagetes, Impatiens, Begonien, Lobelien, Ageratum. Je 10 Stück 3,98 DM* ". (Für Ungeübte: Das * heißt immer, dass diese Artikel nur vorübergehend im Sortiment sind).

Das * war mein Signal. Ich wusste, ich musste jetzt schnell sein. Klarer Fall für den Terminkalender. Mittwoch Punkt 9.

Manchmal spielt einem das Schicksal einen Streich. Mittwoch Punkt 9 war unmöglich. Andere Termine standen an. Der früheste mir mögliche Termin war am Nachmittag um 14.30 Uhr.

Ich hatte es geahnt: Die Rollregale für Aktionswaren standen noch, in den Ablagen nur noch Krümel von feiner Anzuchterde und die abgebrochene Blüte einer traurigen Tagetes. Ein freundlicher Herr, der gerade geschickt eine Palette Reis um mich herumlavierte, hatte Verständnis. „Gähen Sie doch in Birro, frragen Sie, vielleischt morgen Nachmittagg wiederr nei."

Sehr nett, aber zu riskant. Ich fuhr zu einem anderen Markt, das gleiche Spiel.

Ich wusste, dass jetzt nur noch die Kombinationsgabe und die Denkstrategie einer Miss Marple helfen konnten. Ich kam zu dem Schluss, dass ich einen Markt aufsuchen sollte, der mitten in der Stadt lag, mit möglichst viel Häusern ohne Gärten drum herum. Und mit wenig Balkonkästen. Die würden weniger Beetpflanzen brauchen. Ich kannte einen solchen Markt und wusste, da musste ich mit der U-Bahn hinfahren. Parkplätze nahe Aldi - mitten in der Stadt - ein Ding der Unmöglichkeit!

Jubel! Ich wurde fündig. Zwar gab es nicht mehr die volle Auswahl, aber ich war mit je einem Kistchen Ageratum und Petunien zufrieden. Lobelien hätten zwar auch gut gepasst, sei es drum! Was ich hatte, war auch gut.

Ein Plastikkörbchen links, eines rechts machte ich mich auf den Nachhauseweg. Schon, während ich auf die Bahn wartete, wurde ich von einer älteren Dame in Komfortschuhen und mit Aldi-Tüte beäugt.

Wir stiegen gemeinsam in ein U-Bahn-Abteil. Sie setzte sich mir gegenüber. Ein paar Mal hatte sie sich bereits geräuspert, ihren Rock verlegen glatt gestrichen.

Jetzt nahm sie ihren ganzen Mut zusammen und sprach mich an: „Die Ageraadum hätt isch ja auch gern gehabbt." Verständnisvoll lächelnd sagte ich: „Ja, das kenne ich. Ich wollte lieber Lobelien."

Sie kramte in ihrer Aldi-Tüte und zog ein Plastikkörbchen heraus: „Wolle mer tausche?"

Gemüsenestchen aus der Häschenschule

Kartoffelbrei nach Packungsvorschrift zubereiten und - je nach Gaumenfreude - mit einem Spritzer Sahne oder Gewürzen verfeinern Vom Gemüse die Brühe abgießen. Die Zwiebel fein hacken und in wenig Butter glasig anschwitzen. Das gut abgetropfte Gemüse bei kleiner bis mittlerer Hitze zum Erhitzen dazugeben und mit Salz und Pfeffer abrunden. Den Kartoffelbrei in einen Spritzbeutel mit Zackentülle geben. Auf ein mit Backpapier belegtes Blech kleine Nestchen spritzen. In die Mitte eine Vertiefung eindrücken und die noch warme Gemüsemischung - ohne die durch das Erhitzen entstandene Flüssigkcit - einfüllen. Das Gemüse mit geriebenem Käse bestreuen. Im vorgeheizten Ofen bei 175 Grad 12-15 Minuten backen. Das Gericht ist servierfertig, wenn dic Kartoffelränder leicht gebräunt sind.

Es dauert: 40 Minuten
Es kostet: etwa 2,89 DM

Wenn Sie mehr Zeit zum Kochen aufbringen möchten, können Sie natürlich auch frische Kartoffeln und frisches Gemüse verwenden. Dann als Pellkar-

1 Beutel Kartoffelbrei (Packung enthält 3 Beutel)
1 Dose Gartenkrone Erbsen/Möhren
1 kleine Zwiebel
100 g geriebener Käse, z.B. Emmentaler
Salz
Pfeffer
1 Spritzer Sahne

toffeln kochen und durch eine Kartoffelpresse drücken. Mit Milch, Sahne und Gewürzen den Kartoffelbrei herstellen. Das geputzte und mundgerecht zerteilte Gemüse in Brühe gar dünsten und würzen. Weiter verfahren wie im Schnell-und-einfach-Rezept oben.

Tipp: Die übrig gebliebene zweite Hälfte der Erbsen-Möhren-Mischung kann am nächsten Tag zu Kartoffelsalat oder als Pfannkuchenfüllung verwendet werden.

Spaghetti mit Tomaten-Sahne-Sauce

Die Nudeln nach Packungsanweisung zubereiten.
Während die Spaghetti kochen, die geschälten
Tomaten ohne den Saft in kleine Würfel schneiden.
Das Tomatenmark kurz im heißen Topf anbraten,
dabei gut rühren. Die zerquetschte Knoblauchzehe
mit den Tomatenwürfeln dazugeben und bei
schwacher bis mittlerer Hitze im geschlossenen
Topf köcheln lassen. Am Schluss die Sahne dazugeben und abschmecken.

250 g Alino
Spaghetti
1 Dose Gold Berry
geschälte Tomaten
200 g Sahne
1 Knoblauchzehe
2 TL Tomatenmark
Salz, Pfeffer und
Zucker

Reichen Sie hierzu geriebenen Käse, z.B.
Aggenstein 100 % Emmentaler. Das Nudel-
gericht kann auch mit frisch gehacktem
Basilikum bestreut werden.

Es dauert: 15-20 Minuten
Es kostet: etwa 2,97 DM

Tipp: Immer, wenn Tomaten gekocht werden,
eine Prise Zucker beigeben. Das verfeinert den
Geschmack.

Spaghetti mit Tomaten-Thunfisch-Sauce

250 g Alino
Spaghetti
1 Dose geschälte
Tomaten
1 Dose Thunfisch in
Öl
Zitronensaft oder
Zitronensäure
2 EL Schmand
Pfeffer
evtl. Salz

Es soll Kinder geben, die außer Fischstäbchen auch Thunfisch essen. Für diese Kinder ist das folgende Rezept:

Die Nudeln nach Packungsanweisung zubereiten. Den Thunfisch (im eigenen Öl), Zitronensaft, Schmand oder Sahne zugeben und mit einem Pürierstab zerkleinern. Mit Pfeffer abschmecken, mit Salz vorsichtig umgehen, da Thunfisch bereits salzig ist. Die Tomaten zerkleinern und mit dem Saft zum Fisch geben. Die Mischung vorsichtig auf mittlerer Hitze erwärmen.

Es dauert: 15-20 Minuten
Es kostet: etwa 2,39 DM

Ein Tipp vom Aldi-Fan-Club:
Ein köstliches Rezept zu Thunfisch befindet sich im Buch „Al di dente" von Astrid Paprotta und Regina Schneider aus dem Eichborn Verlag. Wir haben die dort aufgeführten Rezepte ausprobiert und erlauben uns an dieser Stelle, das Buch herzlich zu empfehlen. Vor allem die Putenbrust mit Thunfischsoße war ganz nach unserem Geschmack.

Tagliatelle Mirabel

Die Nudeln nach Packungsanweisung kochen und -
wenn sie „al di dente" sind - abgießen. Gut
abgetropft bei kleiner Hitze zurück in den Topf
geben, Hitze reduzieren und 50 g Butter in kleinen
Flöckchen über die Nudeln verteilen. Zart
unterrühren, dann 125 ml Sahne zufügen. Kurz
vermengen, um dann 100 g geriebenen Käse über-
zustreuen. Leicht mischen und heiß und dampfend
servieren.
Zu diesem schnellen, einfachen und schmackhaften
Nudelgericht empfiehlt sich Frisches als Beilage:
Eisbergsalat, Feldsalat, Tomatensalat oder Gurken-
salat. Oder was die Frischeabteilung in Aldi noch
bietet.

Es dauert: 15 Minuten
Es kostet: etwa 2,29 DM

250 g Landvogt
Bandnudeln
50 g Butter
125 ml Sahne
100 g geriebener
Käse

Tipp: Das leidige grobe Schätzen von flüssigen
Mengen ersparen Sie sich, wenn Sie immer ein
Babyfläschchen im Küchenschrank bereit halten.
Dann ist das Abmessen von Mengen wie 125 ml,
60 g oder 1/4 l ein Kinderspiel.

64

Schinkennudeln „Friederich"

Die Nudeln nach Packungsanweisung kochen. In der Zwischenzeit den Schinken würfeln, die Eier mit dem Mineralwasser mithilfe eines Schneebesens schaumig schlagen.
Die Butter oder Margarine in der Pfanne schmelzen lassen. Die Schinkenwürfel im heißen Fett knusprig anbraten.
Die gekochten und gut abgetropften Nudeln in die Pfanne geben, die verquirlten Eier darübergeben. Ab und zu umrühren, damit nichts ansetzt.

Zusammen mit frischem Kopfsalat, mit wahlweise Vinaigrette oder Joghurtdressing, oder Tomatensalat sind Schinkennudeln ein gutes und schnelles Essen.

Es dauert: 15 - 20 Minuten.
Es kostet: etwa 4,19 DM (ohne Salat)

250 g Landvogt Bandnudeln
200 g gekochter Schinken
4 Eier
3 EL Mineralwasser
1 EL Butter oder Margarine

65

Nudeln mit Zucchini-Sauce

250 g Nudeln,
z.B. Landvogt
Bandnudeln oder
Alino Spiralnudeln
350 g Zucchini
1 kleine Zwiebel
1 Knoblauchzehe
1 EL Butter
150 g Allgäuer
Kräuterfässchen
Frischkäse
150 ml Sahne
Salz
Pfeffer

Zucchini waschen, putzen und fein raspeln.
Die fein gehackte Zwiebel mit der zerdrückten
Knoblauchzehe im heißen Fett anschwitzen, das
geraspelte Gemüse dazugeben und kurz mitrühren.
In der Zwischenzeit die Nudeln nach Packungs-
anweisung zubereiten.
Die Sahne zugeben und bei mittlerer Hitze und
geschlossenem Topf 8 - 10 Minuten köcheln lassen.
Das Gemüse mit einem Pürierstab zu Sauce
verarbeiten, den Frischkäse unterziehen.
Die Schärfe auf den Familiengeschmack
abstimmen.

Es dauert: 20 - 25 Minuten
Es kostet: etwa 5,29 DM

Jetzt mal ehrlich

Ein Kapitel für sich: Männer und Kochen

Um wütenden Protestaktionen bereits im Vorfeld vorzubeugen, sei hiermit ausdrücklich betont, dass Männer erstens hervorragende Köche sein können, zweitens nicht dumm und drittens lernfähig sind.

Aber, liebe Zeit- und Kochgenossen, mal Hand aufs Herz: Können Sie sich vorstellen, jeden Tag ein bis zwei einfache, preiswerte, schmackhafte, abwechslungsreiche Mahlzeiten zuzubereiten? Jeden Tag?

Ja, wir wissen, viele Männer kochen gerne und tun dies auch. Zu vielen Gelegenheiten. Zum Beispiel, wenn Gäste kommen. Oder wenn Gäste kommen. Oder wenn Gäste kommen.

Hierzu werden dicke, gewichtige und bunt bebilderte, internationale Kochbücher aus den Regalen geholt, um systematisch nach kulinarischem Gaumenkitzel durchsucht zu werden. Wie Puzzleteile werden die ausgesuchten, exotischen Finessen zu einem vielgängigen Menü zusammengesetzt. Das Schreiben des Einkaufszettels verlangt ebenso viel System wie planerisches Geschick. Die Zutaten werden sortiert nach „auf dem Markt kaufen", „beim Bäcker", „im Käseladen" und „bei Schlemmer-Müller". Klar, dass Mann sich dann voll kon-

67

zentrieren muss, um ungestört die Fahrroute für den Einkauf zu planen. Ist schließlich alles eine Sache der Logistik.

Ist dann nach mehrstündiger, nervenaufreibender Einkaufstour der Kofferraum entladen und alles in der Küche verstaut, hat Mann sich ein Verschnaufpäuschen verdient.

Bevor die erste Zwiebel geschnitten ist, wird eine Flasche Rotwein entkorkt. Man gönnt sich ja sonst nichts. (Lieber Alfred Biolek, für die gesellschaftliche Legitimation des Rotweintrinkens beim Kochen sind Sie verantwortlich.)

Während des Essens ist nun endlich Zeit, das Lob und den Applaus der Gäste einzustecken, um schlussendlich unter Beweis zu stellen, dass die Küche lange nicht mehr Jagdrevier nur der Frauen ist. Beim Chablis zum Loup de mer an Salat von Brunnenkresse und Gänseblümchen wird über die Vorzüge des Traubenkernöls gegenüber Walnussöl diskutiert und darüber, dass Himbeeressig schon längst nicht mehr das Nonplusultra der Essigkreationen bedeutet.

68

Nach dem Kochen und Essen ist Mann schließlich fix und fertig, der Alkohol zeigt seine Wirkung und der Koch fühlt sich außerstande, den Abwasch und das Aufräumen zu erledigen. Da die Küche aber so aussieht, als hätten zehn wild gewordene, hungrige Nachtgespenster ihr Unwesen getrieben, ist es für Mann selbstverständlich, dass die Frau oder Freundin diese „Kleinigkeit" übernimmt. Ist ja wohl das mindeste, was man erwarten kann.

Nun. Es ist in der Tat löblich und bewundernswert, dass es Männer gibt, die sich mit Leidenschaft, Mut und ohne Scheu ins Kochvergnügen stürzen. Diese Schlemmer-Events will auch niemand missen. Unsere Mütter beneiden uns. („Der Erich hätt des net gemacht. Der tät kein Kochlöffel anrührn.")

Vielleicht, liebe Männer, mögen Sie sich eingeladen fühlen, ihre kulinarischen Fähigkeiten und Möglichkeiten zu erweitern. Um das Kreieren und Zubereiten von Jeden-Tag-schnell-gut-einfach-Essen, das daneben noch möglichst variationsreich und gesund sein sollte. Und das auch Kinder mögen.

Seien Sie versichert: Viele Frauen glauben durchaus, dass Männer dies auch lernen können, und können es gar nicht abwarten, bis der Tag „des Herrn" gekommen ist. Vielleicht kommen Sie schon mal mit zum Einkaufen.

PS: Der Vollständigkeit halber sei gesagt, dass es auch andere Männer gibt. Solche, die gar nicht kochen. Wie der Erich eben.

Reispfanne Lang-Fing-Fang

1 Beutel parboiled
USA Reis
1-2 Zwiebeln
100 g gekochter
Schinken
2 EL Färber Distelöl
1 Schale Dan
Prawn Krabben
100 g Nuss-Frucht-
mischung Sweet
Valley (Studenten-
futter)
Salz, Pfeffer, Curry,
Sojasauce

Den Reis nach Packungsanweisung kochen. Die
Zwiebeln schälen und nicht allzu fein würfeln. Den
Schinken ebenfalls würfeln.
Die Zwiebeln im heißen Öl in der Pfanne anschwitzen. Die Schinkenwürfel dazugeben und unter
Wenden leicht anbraten. Die zuvor grob gehackten
Nüsse mit den Rosinen aus der Nuss-Frucht-
mischung ebenfalls in die Pfanne geben und
5 Minuten weiterbraten.
Die gut abgebrausten, abgetropften Krabben und
den gekochten Reis zur Schinken-Nuss-Mischung
geben und mit Salz, Pfeffer, Curry und Sojasauce
würzen.

Es dauert:
20 - 25 Minuten
Es kostet: etwa
6,29 DM

70

Wald-und-Wiesen-Risotto

Den Reis nach Packungsvorschrift zubereiten.
In der Zwischenzeit die Champignons putzen und
in feine Blättchen schneiden. Die Zwiebel schälen
und fein würfeln. In einer Pfanne das Fett heiß werden lassen, die Zwiebel leicht glasig anschwitzen,
nach einer Minute die Speckwürfel dazugeben.
Danach die blättrig geschnittenen Pilze kurz
mitdünsten, bis sie Flüssigkeit bilden. Mit der
Sahne ablöschen und bei schwacher Hitze köcheln
lassen.
Den inzwischen fertig gegarten und kurz kalt abge-
schreckten Reis in die Pfanne geben. Mit den
Gewürzen verfeinern. Kurz vor dem Servieren den
Käse unterheben.
Je nach Geschmack fein gehackte Petersilie unterheben.

Es dauert: 15 - 20 Minuten
Es kostet: etwa 3,24 DM

1 Beutel parboiled
USA Reis
150 g Champignons
1 kleine Zwiebel
2 EL Öl
100 g gewürfelter
Schinken, z.B.
Schwarzwälder
Schinken am Stück
150 ml Sahne
Reibekäse
Salz
Pfeffer
1/2 Bund *glatte
Petersilie* - nach
Belieben

71

Quiche mit Frischkäse

Teig:
100 g Sonnenstrahl Weizenmehl
70 g Butter oder Margarine
1 Ei
1 EL Schmand
Salz

Füllung:
200 g Allgäuer Kräuter-Fässchen Frischkäse
200 g Quark
2 Eier
nach Wahl: *frische Kräuter*

Mehl mit Ei, Salz, Schmand und Butterflöckchen mischen und schnell zu einem glatten Teig verarbeiten. Dann die Füllung zubereiten, währenddessen den Teig in Frischhaltefolie einschlagen und im Kühlschrank ruhen lassen. Kräuter-Frischkäse, abgetropften Quark und Eier zu einer klumpenfreien Masse verarbeiten. Wenn Sie möchten, frische, fein gehackte Kräuter untermischen. Das Ganze abschmecken und nach Bedarf mit Gewürzen abrunden.

Den Ofen auf 210 Grad vorheizen. Eine Springform oder eine runde Auflaufform buttern. Den Teig ausrollen und in die Form geben, einen Rand hochziehen. Die Käsemasse einfüllen.

Die Quiche etwa 30 bis 35 Minuten backen. Diese Quiche wird gerne in Gesellschaft von frischem Tomatensalat auf den Tisch gebracht.

Es dauert: 23 Minuten (ohne Backzeit)
Es kostet: etwa 3,29 DM

> Tipp: Sie können den Teig auch zur Kugel gerollt in eine Form geben. Etwas Teig für den Rand zurückbehalten. Dann mit einem Trinkglas (glatte Außenfläche) ausrollen. Den Rand mit dem restlichen Teig formen.

Herzhafte Waffeln

Mehl mit Backpulver, Milch und den Eiern zu
einem glatten, flüssigen Teig verarbeiten. Die Früh-
lingszwiebeln superklein schneiden und mit Salz
und Pfeffer zum Teig geben. Im gefetteten Waffelei-
sen knusprig braun backen.

Es dauert: 15 Minuten
Es kostet: etwa 1,98 DM

100 g Mehl
100 g Milch
3 Eier
1/2 TL Backpulver
2 - 3 Frühlings-
zwiebeln
Salz
Pfeffer

Ein leckeres Aus-der-Hand-Essen. Gut mit Kräuterquark, Paprikafrischkäsecreme, dazu einfacher
grüner Salat.

73

Jetzt mal ehrlich

Früher war alles ganz anders ...

Wie war das mit dem Familienessen eigentlich, als Sie Kind waren? Können Sie sich noch erinnern? Wahrscheinlich. Für die meisten Menschen sind dies nicht nur bleibende, sondern auch prägende Erinnerungen.

„Was auf den Tisch kommt, wird gegessen." Oder „Du stehst erst auf, wenn der Teller leer ist." Keiner, außer vielleicht Oma oder Opa, hat Sie als Kind verstanden. Hat kapiert, dass es für Kinder etwas ganz Widerliches sein kann, gebratene Leber essen zu müssen. Oder zu sauren Nierchen gezwungen zu werden. Oder zu Rosenkohl. Alle Teller waren leer. Nur Ihrer nicht. Sie mussten sitzen bleiben. So war die Regel. Auch nach einer halben Stunde vor dem Teller wurde dieser braune Haufen nicht weniger. Der Kartoffelbrei hatte noch ganz gut geschmeckt, ein bisschen Gemüse haben Sie auch mit langen Zähnen gekaut. Um den guten Willen zu zeigen und das Schlimmste zu verhindern.

Das Fleisch blieb. Auf der braunen Soße bildete sich mit der Zeit eine Haut. Da konnte man gut mit der Gabel reinstechen und beobachten, ob die Soße darunter schon durchfließen konnte. Weil man ja viel Zeit hatte, konnte man die Fleischmasse auf dem Teller verschieben, damit es so aussah, als hätte man zumindest etwas davon versucht.

74

Manchmal bildeten sich durch das Verschieben auch witzige Formen oder Figuren. So wie beim Wolkengucken Elefanten und Mäuse kommen und wieder verschwinden. Die Leber veränderte ihr Aussehen und man hing seinen Gedanken nach. Diese waren auch damals schon frei. Auch wenn man sitzen bleiben musste.

Die Mutter kam zurück. Schreck! Schnell die Haltung ändern. Jetzt aufmerksam und leidend aussehen. Vielleicht hat sie diesmal Erbarmen. Hat sie nicht. „Das Beste lässt du liegen! Wie undankbar du bist! Früher hätte es das bei uns nicht gegeben. Nach dem Krieg haben wir …"

Sie erinnern sich?

Zurück zur Gegenwart. Jetzt, da Sie selbst Mutter oder Vater sind. Haben Sie sich schon mal dabei ertappt, etwas Ähnliches zu Ihrem Kind gesagt zu haben? Gut, natürlich nicht so. Würden Sie nie tun. Auch nicht im Affekt. Wo Sie sich doch schon damals vorgenommen hatten, dass Ihrem eigenen Kind später einmal so was nie passieren sollte. Und dass diese kapitalen Erziehungsfehler Ihnen sicherlich nie unterlaufen würden. Nie und nimmer.

Klar. Aber vielleicht haben Sie zeitgemäßere Worte benutzt. Damit Ihr Kind wirklich nachvollziehen kann, was Ihnen irgendwie, irgendwo wichtig ist beim Essen.
Die armen, hungernden Kinder aus Afrika würden Sie selbstredend nie als Argumentationshilfe benutzen.
Und saure Nierchen gibt es bei Ihnen auch nicht. Schon allein wegen der Schadstoffe, die sich besonders stark in Innereien ansammeln. Obwohl sie heute schon mal gerne Leber essen. Hühnerleber beispielsweise. Schön knusprig auf frischem Sommersalat mit Balsamico und Olivenöl. Frisch gemahlener Pfeffer und krosses Baguette …

Aber vielleicht ist Ihnen der Geduldsfaden gerissen bei der Lauchtorte mit dem Teig aus Vollkornmehl, selbst gemahlen in der sündhaft teuren Getreidemühle aus dem Bio-Natur-Versand?

Wo Sie doch für dieses kulinarische Meisterwerk so lange in der Küche

76

gestanden haben! Mit Liebe geknetet. Von Händen, die vorher stundenlang in Vollwertkochbüchern nach kindgerechtem Essen gesucht hatten.

Und jetzt müssen Sie sich auch noch vom eigenen Nachwuchs mit kurzen, knappen und unmissverständlichen Unmutsäußerungen (z. B. einem herzhaften, kehligen „Bäähh") den eigenen Appetit verderben lassen. Was man sich alles bieten lassen muss!
Also wirklich. So etwas hätte es früher nicht gegeben. Oder?

Für Johannes Bär, Silwester Stall-Ohne und Uschi: Chili-non-carne

1 große Zwiebel
1 kg Karotten
1 kg Kartoffeln
1 rote Paprika-
schote
1 EL Olivenöl
1 Würfel
Gemüsebrühe
Lachende Köchin
2 Dosen geschälte
Tomaten
2 Dosen Kidney-
Bohnen
Tomatenmark
Salz
Pfeffer
Paprikapulver
evtl. vorsichtig
Chili-Pulver

Dieses Rezept ist für 8 bis 10 Kinder und 1 bis 2 ErzieherInnen gedacht.

Die Zwiebel fein hacken, die Karotten abschälen und in Scheiben von 1/2 cm Dicke schneiden. Die Kartoffeln schälen und würfeln. Die Paprikaschote nach dem Waschen, dem Entfernen der Kerne und weißen Innenhäute ebenfalls würfeln.
Im heißen Topf 2 EL Tomatenmark kurz anbraten, dann die gehackten Zwiebeln mit 2 EL Olivenöl zugeben. So lange rühren, bis die ganze Küche von dem zarten Duft der Zutaten erfüllt ist.
Dann die Karottenscheiben hinzugeben und kurz wenden. Anschließend mit einem Liter Wasser ablöschen, den Brühwürfel unterrühren.

Nach 10 Minuten die gewürfelten Kartoffeln und Paprika zugeben und weiter bei mittlerer Hitze garen lassen. In der Zwischenzeit die geschälten Tomaten mit dem Messer grob zerkleinern und zusammen mit den gut abgetropften Bohnen beigeben. Mit Vorsicht würzen, denn die Brühe enthält bereits Salz. Pfeffer und Paprika in kindgerechten Mengen einsetzen. Weitere 15 Minuten köcheln lassen.

Es dauert: 40 Minuten
Es kostet: etwa 8,78 DM

Tipp: Verwenden Sie zur Erleichterung grundsätzlich nur Sparschäler. Karotten-, Gurken- und Kohlrabi-Schalen können für Meerschweinchen und Kaninchen als Frischfutter verwendet werden. Wenn Sie noch kein Haustier haben - mit Sicherheit kennen Sie Nachbarn, die die Gesellschaft von niedlichen Nagern genießen.

Zu Chili-non-carne paßt:
Knoblauch-Baguette

1 Packung Ba-
guette-Brötchen
60 g Butter
Salz
1 Knoblauchzehe

Die Baguette-Brötchen von oben schräg einschnei-
den - nicht durchschneiden. Eine Knoblauchbutter
mit Butter sowie der durch die Presse gedrückten
Knoblauchzehe und wenig Salz herstellen und in
die Broteinschnitte portionsweise verteilen. Nach
Lust, Laune und Geschmack der Kinder können Sie
auch sehr klein gehacktes Basilikum beimengen.

In
Folie ein-
geschlagen in die Krab-
belstube oder den Kinder-
laden zum Aufbacken
kurz vor dem Essen mitgeben.
Knobi-Brot ist ein Renner bei Kindern. Macht gute
Laune und vertreibt die bösen Geister.

Es dauert: 8 Minuten
Es kostet: etwa 1,49 DM

Für Zauberdrachen, Mäuseprinzessinnen und rote Eulen: Maisplätzchen

Dieses Rezept ist für 8 bis 10 Kinder und 1 bis 2 ErzieherInnen gedacht.

Mehl mit Backpulver mischen, aufgeschlagene Eier dazugeben und zu einem klumpenfreien Teig rühren. Den abgetropften Mais zusammen mit dem Käse dazugeben und gut untermischen.

Das Fett in der Pfanne erhitzen und den Teig portionsweise in die Pfanne geben. Von beiden Seiten je drei bis vier Minuten bei mittlerer bis starker Hitze ausbacken.

Auf Küchenpapier die gebackenen Puffer abtropfen lassen. Der Teig ergibt 18 - 20 Puffer.

150 g Mehl
1/2 TL Backpulver
2 Dosen Gemüse-Mais
4 Eier
6 EL geriebenen Käse, z.B. Emmentaler
Öl zum Ausbacken

81

Wahlweise können Sie dem Teig klein gehackte frische Kräuter wie Schnittlauch oder glatte Petersilie geschmacksverstärkend zur Seite stellen.

Dazu passt: Kräuterquark zum Dippen. Und jede Menge frisches, rohes Gemüse wie Karotten, Paprika und Gurken. Schneiden Sie alles in kinderhandgerechte Stücke und geben Sie diese in die Krabbelstube mit. Die Puffer können dort im Ofen bei ca. 150 Grad erhitzt werden.

Aber ehrlich gesagt: Die Maisplätzchen schmecken auch sehr gut kalt. Einfach so - aus der Hand - und ab und zu in Kräuterquark getunkt. Also hervorragend geeignet für Kinder, die beim Essen unbedingt rumlaufen müssen.

Es dauert: 19 Minuten
Es kostet: etwa 2,47 DM

Tipp: Falls Sie getrocknete statt frischer Kräuter verwenden, zerreiben Sie vor dem Zugeben in die Speisen die Trockenkräuter kräftig zwischen den Handflächen. Das mögen getrocknete Kräuter so gern, dass sie wieder anfangen zu duften.

Nudelsalat „Kunterbunt"

Dieses Rezept ist für 8 bis 10 Kinder und 1 bis 2 ErzieherInnen gedacht.

Die Nudeln nach Packungsanweisung kochen. Den Broccoli säubern und putzen, in mundgerechte Stücke teilen und in etwas Brühe bissfest gar ziehen lassen.
Während Nudeln und Broccoli kochen, die beiden Paprikaschoten waschen, die Kerne und die weißen Innenhäute entfernen und in kleine Würfel schneiden.
Die Putenbrust zuerst in Scheiben, dann in feine Streifen schneiden.
Die Gurke abschälen, der Länge nach halbieren und die Kerne entfernen. Die beiden Hälften noch einmal langs teilen und dann in Scheiben schneiden.
Den Käse würfeln.
Alle Zutaten in eine große Schüssel geben und vorsichtig vermengen. Eine Sauce aus Öl, Essig, Salz, Pfeffer und Zucker herstellen. Über den Salat verteilen und unterheben. Im Kühlschrank hält sich dieser Salat gut bis zum nächsten Tag und hat Zeit durchzuziehen.

500 g Spiralnudeln
1 Broccolistrunk
1 rote und 1 gelbe Paprika
200 g heiß geräucherte Putenbrust
1 Gurke
1 Dose Gemüsemais
100 g Gouda
Öl
Essig
Salz
Pfeffer
1 Prise Zucker

Mit Baguette, Eisbergsalat mit Joghurtdressing und frischen Tomaten in Spalten geschnitten ist der Nudelsalat ein gehaltvolles Mittagessen. Er eignet sich auch zum Mitnehmen auf Ausflüge und Picknicks.

Es dauert: 35 Minuten
Es kostet: etwa 10,98

Tipp: Salatsaucen müssen unbedingt vor dem Zugeben zum Salat gemischt werden. Die Fett- und Säureanteile müssen sich vorher verbunden haben, sonst ändert sich der Geschmack nachteilig.
Geben Sie alle Saucenzutaten in ein Marmeladenglas mit Schraubdeckel und schütteln sie kurz und kräftig. Einfacher gehts nicht.

Pellkartoffeln mit Kräuterjoghurt

Dieses Rezept ist für 8 bis 10 Kinder und 1 bis 2 ErzieherInnen gedacht.

Die Gurke schälen und entweder grob raspeln oder in Würfel schneiden. Die gehackten Kräuter dazugeben und mit den Gewürzen abschmecken.

Klären Sie vorher in der Krabbelstube, ob die ErzieherInnen bereit sind, die Pellkartoffeln dort zu kochen. Frisch schmecken sie halt doch besser.

Es dauert: 12 Minuten
Es kostet: etwa 4,88 DM

12 große Kartoffeln
500 g Joghurt
1 Salatgurke
Kräuter nach Belieben, z. B. Schnittlauch oder Dill
Zitronensaft oder -säure
Salz und Pfeffer

85

Jetzt mal ehrlich

Die Superfrau nimmt Abschied

Irgendwann haben sich wohl alle Frauen damit beschäftigt. Besonders jene, die heute zwischen 35 und 50 sind. Uns ging es damals um das Wesentliche. Um das Gleichberechtigtsein. Neben dem Mann, nicht hinter ihm. Die eigene Frau stehen. Emanzipiert sein, hoch erhobenen Hauptes mit Stolz, Würde, Nonchalance* und Chuzpe* durch das Leben gehen. In den 80er Jahren Nurhausfrau sein - undenkbar: Und für die, die es doch wollten, forderten wir Lohn für Hausarbeit. Unsere Ansprüche waren keine geringen: Wir wollten alles. Auch alles können. Und was wir nicht können, wollen wir möglichst schnell lernen. Beruf, Karriere, Partnerschaft, Kinder, Haushalt, viele Freunde und Freundinnen, ausgefallene Hobbys. Daneben gebildet, belesen, informiert, reiselustig. Wir kennen uns aus in der Welt. Wir sind schön, auf unsere Art und pflegen Körper, Kopf und Seele gleichermaßen. Wir tun etwas für uns, sind fit und gesund.
Wir kennen uns aus mit Kindererziehung, wissen genau, in welchem Entwicklungsstadium sich unser Kind gerade befindet und dass die Trotzphase in jedem Fall dazugehört. Wir kennen die passende Medizin bei Bauchweh, Halsschmerzen und Schürfwunden.
Die Tagesmutter ist sorgsam ausgewählt, geprüft auf Herz, Nieren und

87

Erziehungsstil. Die Medien unterstützen uns kräftig. Unsere Freundin Petra, auch Brigitte und Emma, reden uns gut zu. Jede auf ihre Art. Immer wieder werden uns Modelle gezeigt und Frauen vorgestellt, die das alles schon können, was bei uns vielleicht noch nicht so gut funktioniert. Da können wir was lernen. Na ja, wir sind mitten im Veränderungsprozeß. Alles bewegt sich und ist im Fluss.

Kochen können wir selbstverständlich auch. Wir sind stets auf dem neuesten Stand der Ernährungswissenschaft. Wir züchten Sprossen aller Art, von Alfalfa bis Rettich. Pasta und Pesto stellen wir selbst her. Dass uns manchmal das Gefühl beschleicht, dass 48 Stunden am Tag doch nicht ausreichen, bemerken wir zunächst nur nebenbei. Bis eines Tages eine Frau aus dem weiteren Bekanntenkreis mutig bekennt: „Ich benutze Fertigprodukte. Ich koche auch aus Dosen." Diese Meinung teilen wir nicht, bewundern aber den Mut.

Beim nächsten Mal, als wir Fond einkochen, fragen wir uns, wie es wohl wäre, wenn wir jetzt den Fond aus dem Glas …

Nein, bloß nicht daran denken. Wer weiß, was da drin ist. „Freundin Regine benutzt ihn aber schon, den fertigen Fond aus dem Glas", flüstert uns eine innere Stimme zu. „Schmeckt gar nicht schlecht."

Wir fangen an, uns unverbindlich über Fertigprodukte zu informieren. Was dann genau unsere Umkehr bewirkte, wissen wir nicht. Vielleicht war es ein positives Urteil eines seriösen Warentests, das uns veranlasste, uns das Kochen zu vereinfachen.

Nicht, dass wir uns missverstehen: Wir sind keine Tütchenmütter, wie uns kürzlich der Hausfrauen-Bund einreden wollte. Wir benutzen lediglich Convenience-Produkte.

Damit geht es auch. Schmeckt gut, geht schnell und einfach. Zumindest für Montag bis Freitag.

Irgendwann kamen wir auf Aldi. Zuerst kauften wir nur den Champagner. Heute kennen wir die ganze Produktpalette. Von Alino bis zum Metzger-Hinterschinken.

Allen voran die *Lachende Köchin.* Die Schutzpatronin der Suppen und Saucen. Einladend lächelt sie von den Schachteln mit Würzhilfe. Die Frage nach dem Grund für Mona Lisas Lächeln stellen wir uns nicht mehr, seit wir *sie* kennen. Über einer Packung „Klare Gemüse Brühe" vertieft, sinnieren wir manchmal über den Anlass zur Heiterkeit der Lachenden Köchin.

Fühlt sie sich uns überlegen, mit ihrem rosa Blüschen und weißem Spitzenkragen? Oder will sie uns helfend zur Seite stehen, als wachsamer Schutzengel, damit unsere Speisen gelingen? Die Antwort kennen derzeit nur die Albrecht-Brüder.

Übrigens: Wer kocht bei Ihnen zu Hause, lieber Theo, lieber Karl?

Aus urheberrechtlichen Gründen möchten wir hinzufügen:
* *Nonchalance* und * *Chuzpe* sind keine geschützten Handelsmarken. Sie sind nicht bei Aldi oder anderen Foodstores erhältlich. Sie können nur von jedem User selbst erlernt und deren Tauglichkeit in der Praxis erprobt werden. Sie sind gleichermaßen geeignet für männliche wie für weibliche Anwender - sowohl mit Kindern wie auch ohne.

Apfel-Nuss-Auflauf

4 Äpfel
4 Eier
5 EL geriebene
Haselnüsse
5 EL *zarte*
Haferflocken
2 Msp. *Zimt*
5 EL Wald Honig
Saft von 1 Zitrone
oder 3 Spritzer
Zitronensäure
Butter zum Einfet-
ten der Form

Die Äpfel schälen, die Kerngehäuse entfernen und
grob raspeln. Die Apfelmasse sofort mit
Zitronensaft beträufeln, damit sie schön hell bleibt.
Die Eier trennen. Die geriebenen Nüsse, die Haferflocken zusammen mit Zimt, Honig und 4 Eigelb zu
den Äpfeln geben und etwas ziehen lassen.
Die Eiweiße sehr steif schlagen und vorsichtig
unterheben.
In eine gefettete, feuerfeste Form geben und etwa
20 Minuten bei 220 Grad backen.

Schmeckt gut mit Heidelbeeren aus dem Glas oder
mit selbst gemachtem Kompott.

Es dauert: 30 Minuten (ohne Backzeit)
Es kostet: etwa 4,59 DM

90

Des kleinen Narren Nachtmahl: Quarkpuffer

Den Quark mit den Eiern, den Haferflocken, Grieß und Salz verrühren. Das Ganze 10 Minuten quellen lassen. Mit angefeuchteten Händen Kugeln formen und so zusammendrücken, dass flache Bratlinge entstehen.
Das Fett in einer Pfanne heiß werden lassen, die Puffer in das Fett geben und von beiden Seiten etwa 8 Minuten mit mittlerer Hitze ausbacken.
Ein Freund von Quarkplätzchen ist Apfelmus. Gerne mag der kleine Narr auch frische Erdbeeren, in Stücke zerteilt und mit Honig gesüßt.

Es dauert: 30 Minuten
Es kostet: etwa 5,29 DM

400 g Magerquark
4 Eier
100 g *zarte Haferflocken*
4 EL *Grieß*
Salz
120 g Butter oder Margarine, z.B. Bellasan

91

Quarkklößchen „Balthasar"

500 g Magerquark
1 Ei
5 - 6 EL
Sonnenstrahl Wei-
zenmehl
1 Prise Salz
1 TL Wald Honig
1 Spritzer Zitronen-
saft oder
Zitronensäure
1 - 2 TL Zimt

Alle Zutaten zu einem glatten, klumpenfreien Teig verarbeiten und 20 - 30 Minuten ruhen lassen. Dann mit angefeuchteten Händen 10 bis 12 Klößchen formen und diese nochmals kurz in Mehl wälzen.
Wasser in einem Topf zum Kochen bringen und 1/2 TL Salz zufügen. Bei kleiner Hitze die Klößchen gar ziehen lassen. Sobald sie oben schwimmen, mit einer Schaumkelle herausnehmen.

Es dauert: 10 Minuten (ohne Ruhezeit)
Es kostet: etwa 3,29 DM

Tipp: Wasser zum Kochen für Klöße, Nudeln oder Kartoffeln immer erst zum Kochen bringen und dann Salz zufügen. Ansonsten entsteht im Topf Salzbrand. Das sind die kleinen weißen Pünktchen am Topfboden, die sich selbst durch starkes Scheuern nicht entfernen lassen. Das Salz frisst sich mit der Zeit durch das Metall und zerstört die Töpfe. Und das muss nicht sein. Auch wenns manchmal bei Aldi unschlagbar billige und gute Töpfe gibt.

92

Apfelpfannkuchen

Die Äpfel schälen und die Kerngehäuse ausstechen.
In gleich dicke, etwa 1,5 cm dicke Scheiben schneiden. Die Apfelscheiben sofort mit Zitronensaft
beträufeln.

Den Teig mit den Eiern, dem Mehl, Zucker, Salz
und der Milch bereiten und so lange mit Schneebe-
sen oder Rührlöffel schlagen, bis der Teig klumpenfrei ist.

Die Apfelscheiben im Teig baden und im heißen
Fett bei mittlerer bis starker Hitze knusprig braun
braten.

Dazu reicht Zucker und Zimt, um ein bei Kindern
beliebtes Essen einfach zuzubereiten.

Es dauert: 15 - 20 Minuten.
Es kostet: etwa 2,23 DM.

3 Äpfel
1/2 Zitrone oder 1-2
Spritzer
Zitronensäure
3 Eier
150 g Mehl
150 ml Milch
2 EL Zucker
1 Prise Salz
Butter oder Marga-
rine zum
Ausbacken

93

Jetzt mal ehrlich

Der Bär isst nicht am Tisch

Gemeinsam als Familie zumindest einmal am Tag am Esstisch zusammenzusitzen, ist doch eine gute und sinnvolle Sache. Familienrituale sind wichtig, lassen uns zusammengehörig fühlen. Jeder kann erzählen, was er während des Tages erlebt hat.
Wir würden als Eltern sonst vielleicht nie erfahren, dass die Lehrerin

wieder mal total bescheuert viele Hausaufgaben aufgegeben hat und dass Anna ab sofort nie wieder die beste Freundin ist, weil sie seit heute lieber neben Aische sitzen will.

Und dass am meisten nervt, dass dieser obercoole Typ von Martin dauernd nur mit dem „Internetz-Anschluss" angibt, den er sich zum Geburtstag wünscht.

„Mama, was ist eigentlich ‚Internetz'? Ist das so was wie 'ne Bahncard?"

Oder, je nach Alter, dass der Benjamin heute im Bällchenbad im Kindergarten heute gaaaanz viele Legosteine und Playmobilfiguren gefunden hat. (Der Handbewegung nach ungefähr dreieinhalb Zentner). Und dass sich Jonathan schlimmes Aua am Bein gemacht hat, weil er über den Zaun im Kinderladen abhauen wollte, um nach Hause zu gehen und fernzusehen.

Am Essenstisch lassen Kinderseelen tiefen Einblick zu. Nicht nur, wenn das Herz voll ist, läuft der Mund über. Auch wenn der Bauch voll ist. So wissen wir, was unsere Kinder bewegt, was in ihnen vorgeht. Wir können ihre Entwicklungsschritte nachvollziehen, um helfend und unterstützend einzugreifen, wenn es nötig wird.

Theoretisch.

Auch in der Praxis, wenn man Glück hat. Wenn man es bewerkstelligt, das liebe Kind dazu zu bewegen, sich zwecks Nahrungsaufnahme an den Esstisch zu setzen. Manchmal ist eben die Mühe umsonst und die ganze Ritualetheorie fragwürdig. Einfach gesagt: Die Lütten wollen nicht.

Weil gerade was total Wichtiges im Fernsehen kommt. Oder das Puzzle noch nicht fertig ist. Oder weil das Buch ohne Bilder und sichtbar auf dem Kopf stehend, das der zweijährige Paul auf dem Töpfchen sitzend liest, gerade so spannend ist. (Von wem er das wohl hat?)
Oder schlicht beim „Ich-hab-überhaupt-keinen-Hunger-Syndrom". (Übrigens medizinisch völlig unbedenklich.)

Nervig, oder? Gerade jetzt, wo Sie doch so viele neue Erkenntnisse aus einem Buch über das Familienleben der Yanomami-Indianer gewonnen und dann dessen praktische Übertragbarkeit auf westliche Kinderstuben geprüft haben. Nächtelang.

Und da kommt so ein kleines Persönchen und behauptet: „Uuaah! Bin der Bär. Bin trooss und taak. Iss beise diss." (Für kinderlose Menschen: „Röörr! Ich bin der Bär. Ich bin groß und stark. Gleich werde ich dich beißen.")

Die Yanomamis sind plötzlich weit weg. Nur der Bär ist nah. Und der Bär isst nicht am Tisch.

Télumées Bratapfel

Den Ofen auf 200 Grad vorheizen.
Die Äpfel gut waschen und die Kerngehäuse
ausstechen. Die restlichen Zutaten
zusammenmischen und mit einem kleinen Löffel in
die Äpfel füllen.
In eine feuerfeste Form stellen.
Mit dem Apfelsaft den Boden bedecken. Die
Bratzeit ist je nach Apfelsorte unterschiedlich.
Rechnen Sie mit etwa 20 Minuten.
In der Natur des Bratapfels liegt die Liebe zur
Vanillesauce. Die einfachste und schnellste Art der
Herstellung: Vanillepuddingpulver nach Packungs-
vorschrift, jedoch mit eineinhalbfacher Menge
Milch bzw. Sahne zubereiten.

Es dauert: 25 - 30 Minuten
Es kostet: etwa 3,77 DM

4 Äpfel
3 EL Magerquark
2 EL Rosinen
2 EL geriebene
Haselnüsse
150 ml Apfelsaft
1 Spritzer Zitronen-
saft oder
Zitronensäure

Tipp: Dieses Rezept ist krabbelstubentauglich
genauso wie viele andere in diesem Buch auch.
Die hier beschriebene Basis ist für vier Personen
bestimmt. Variieren Sie die Menge der Zutaten
beliebig, je nach Gruppengröße.

97

Prima-Ruck-Zuck-Eis

200 ml Sahne
400 - 500 g Früchte,
z. B. Erdbeeren,
Heidelbeeren, ent-
steinte Pflaumen
Zucker oder Honig
nach Belieben

Die Sahne steif schlagen.
Frische Früchte waschen, putzen und pürieren. Ein-
gemachtes Obst zunächst gut abtropfen lassen und
dann pürieren.
Die Früchte unter die Sahne heben und in einer
Schüssel ins Tiefkühlfach stellen.
Nach ein- bis eineinhalb Stunden kann das Prima-
Ruck-Zuck-Eis bereits als Halbgefrorenes gegessen
werden. Zum Beispiel mit Häubchen aus
Schokosauce oder Schokoraspeln.
Ganz durchgefrorenes Eis kann mit einem feuchten
Löffel gut und einfach abgestochen werden.

Es dauert: 10 - 20 Minuten (ohne Gefrierzeit)
Es kostet: etwa je nach Frucht zwischen 1,99 DM
und 3,99 DM

98

Birnen-Igel

Die Birnenhälften auf einem Sieb gut abtropfen lassen, den Fruchtsaft auffangen. Die Schokolade im Wasserbad schmelzen, danach etwas abkühlen lassen und nochmals heiß werden lassen.
Die Birnen in die flüssige Schokolade tauchen. Mit der Schnittfläche nach unten auf eine Platte zum Abkühlen legen.
Mit Mandelstiften zum Igel verwandeln.
Als Nachtisch reicht meist pro Person eine Birnenhälfte. Variieren Sie also das Rezept je nach Personenzahl.

Es dauert: 21 Minuten
Es kostet: etwa 4,52 DM

1 Dose Birnen
1 Tafel Choceur
Herbe Sahne
Mandelstifte

Tipp: Eventuell verbleibendes Obst kann am nächsten Tag zusammen mit anderen Früchten zum Obstsalat oder mit Joghurt und Honig schnell und leicht in eine leckere Zwischenmahlzeit verzaubert werden.
Der aufgefangene Birnensaft kann, mit Mineralwasser aufgefüllt, als köstliches Erfrischungsgetränk gereicht werden.

99

Ein schneller Nachtisch: Streifenquark

50 g Speisequark
1- 2 EL Sahne
1 EL Wald Honig
250 g frische
Beeren, z.B. Heidel-
beeren

Den Quark mit Sahne und Honig glattrühren. Die Beeren waschen und verlesen.

In eine Glasschüssel abwechselnd Quark und Beeren einfüllen.

Natürlich kann diese schnelle Quarkspeise auch mit eingemachtem Obst zubereitet werden.

In diesem Fall die Früchte gut abtropfen lassen und den aufgefangenen Saft mit Mineralwasser auffüllen und als leckeres Getränk genießen.

Es dauert: 10 - 15 Minuten
Es kostet: etwa 2,97 DM

Jetzt mal ehrlich

Zen und die Kunst des Kartoffelschälens

Maria war ihr ganzes Leben von dem Wunsche beseelt, die wahre Erleuchtung zu finden. Jetzt, wo sie fast vierzig war, kannte sie viele Lehren aus den verschiedensten Religionen und Kulturen der Welt. Ihre ständige unermüdliche Suche nach mehr Gelassenheit und Leichtigkeit hatten ihr viele Begegnungen mit großen Meistern und Meisterinnen beschert.

Die wahre Meisterin fand sie allerdings nicht in Indien oder Tibet, sondern in ihrer eigenen, recht einfachen mitteldeutschen Kleinstadt. Ganz unspirituell in der Kneipe um die Ecke. Dort traf sie eines Abends Herta. Sie war Ende fünfzig. Alle Höhen und Tiefen ihres Lebens hatten sich in ihrem Gesicht Denkmale gesetzt.

Maria hatte an diesem Abend mal wieder ein spirituelles Vakuum und hielt ein frisch gezapftes Bier für eine angemessene Therapie. So kamen die Frauen ins Gespräch und Maria schüttete ihr Herz aus.

Maria erzählte ihr alles. Von ihrer ständigen Suche nach tiefem inneren Frieden und einem Zustand heiterer Gelassenheit. Nach Leichtigkeit im Sein und geistiger Reinheit. Und von ihrem Vorsatz, alle ihre Werte und Vorstellungen ihren beiden Kindern bereits als Keim in die Kinderseelen einzupflanzen.

Ach ja, Maria hatte so große Pläne mit den Kindern. Sie wusste ja, dass wir die Erde nur von unseren Kindern geborgt haben, aber so gehe es ja nicht. Der Große wollte alle sechs Wochen neue Inline-Skater und der Gameboy war schon lange Babykram. Wie lange der Nintendo noch für tauglich befunden wurde, wagte man nicht auszudenken. Wo Maria doch Pazifistin … und jetzt der Junge mit diesen abartigen Spielen, wo er andere abschießen musste, um zu gewinnen.

Nein, welche Prüfung für eine friedliebende, erleuchtungsuchende Mutter! Und die Kleine, die war noch keine zehn und wollte schon cool aussehen, Plateauschuhe haben und eine silberne Jacke und liebäugelte seit neuestem mit einem Nasenstecker. Verstümmeln will sie sich, die eigene Tochter.

Aber das Schlimmste von allem sei die tägliche gemeinsame Esserei. Abends setzten sich die Kinder an den Tisch, betont gelangweilt, mit Gesichtern, dass einem jedes Soufflé sofort zusammenfalle und fragten: „Was gibts denn heute zum Essen?" Es ist völlig egal, was man dann sage, sie fänden es immer, wirklich immer Scheiße.

Herta hörte gut zu und nickte an verschiedenen Stellen sehr verständnisvoll. Was dann kam, hatte Maria allerdings nicht erwartet.

Herta klopfte ihr auf die Schulter und sagte: „Weißt du, Mädchen, ich kenne den ganzen Kram. Das war bei mir schon so und bei meiner Mutter auch. Ich habe für mich irgendwann mal den Dreh gefunden. Das darfst du aber keinem verraten, die halten mich sonst für verrückt." Maria nickte neugierig.

„Also. Wenn es bei uns zum Beispiel Salzkartoffeln gibt, dann überlege ich mir zuerst, wie lange die Kartoffeln gewachsen sind, wie es denen da ging unter der Erde, und hoffe, dass sie vielleicht schon immer wussten, dass sie bei mir, bei Herta, mal Salzkartoffeln werden wollten.

Und dann, wenn ich sie schäle, stelle ich mir vor, dass sie ganz froh sind, endlich mal ihr wahres, unverhülltes Gesicht zeigen zu dürfen. Und dass sie sich freuen, zusammen mit ihren Freunden im heißen

Wasser zu ihrer vollen Reife zu gelangen. So was wie 'ne Kartoffelsauna eben. Und dass das Salz ihrem Leben erst die richtige Würze gibt."

Etwas verlegen hielt Herta jetzt inne. Noch ahnte sie nicht, dass sie bei Maria das finale Licht angeknipst hatte. Maria umarmte sie überschwänglich und herzlich. So viel Gefühl hatte Herta nicht erwartet. Schulterzuckend rückte sie sich die Locken zurecht: „Weißt du, die schmecken dann einfach besser, die Kartoffeln."

Strategische Planung für zielsicheres, effektives Einkaufen

Mit Deutschlands besten Einkäuferinnen haben wir Interviews geführt, um daraus die besten Tipps und Ratschläge für eine erfolgreiche und effektive Einkaufsstrategie herauszufiltern.

1. Ein guter Kauf will wohl überlegt sein

Halten Sie immer in der Nähe des Kühlschranks, in jedem Fall aber in der Küche einen Einkaufszettel mit funktionierendem Kugelschreiber parat. In Notfällen kann das Schreibgerät auch am Kühlschrankgriff mit einer Schnur befestigt werden. Notieren Sie immer gleich, was zur Neige geht.

105

Ein Rat für Menschen, die Einkaufszettel verlieren oder vergessen: Schaffen Sie sich einen Kofferanhänger an und deponieren Sie den Zettel dort. Den Anhänger am Wagen- oder Wohnungsschlüssel anbringen.

2. Gleich geht's los

Kurz bevor Sie zum Aldi-Markt laufen, gehen Sie den Einkaufszettel noch einmal durch und ergänzen Sie Notwendiges.
Stärken Sie sich. Zum Beispiel mit einem Apfel und einer Scheibe Knäckebrot. Stellen Sie sicher, dass Sie auf keinen Fall hungrig aus dem Haus gehen. Hungrige Einkäufer/innen kaufen regelmäßig zu viel und zu schwer ein.

Überschlagen Sie anhand des Einkaufszettels, was der Einkauf ungefähr kosten wird, und halten Sie das nötige Geld bereit. Stellen Sie sicher, dass Sie ein zusätzliches Markstück oder einen entsprechenden Chip schnell griffbereit haben.

106

Prüfen Sie Einkaufstaschen und Tüten auf deren Tauglichkeit und prüfen Sie, ob die geplanten Einkäufe darin Platz finden. (Schon manche/r stand am Einpacktresen und wusste nicht, wohin mit den Sachen …)
Machen Sie sich auf den Weg!

3. Endlich am Tatort!

Machen Sie kurz vor Betreten des Marktes ein paar Atemübungen (siehe Punkt 4, Die Kasse naht). Dadurch finden Sie die für sich richtige Mischung aus Entspannung und Wachsamkeit.

Auf gehts zum Einkaufswagen. Die Mark halten Sie ja bereit. Holen Sie zunächst nur die Waren, die auf Ihrem Einkaufszettel vermerkt sind. Fällt Ihr wachsames Auge auf Sonderartikel, überlegen Sie genau, ob Sie diese auch wirklich brauchen. Wirklich? Wenn Sie sich dafür entscheiden, überlegen Sie, welche alten Gegenstände Sie dafür loswerden wollen. Oder brauchen Sie zwei Fahrräder?
Die letzten Waren kurz vor der Kasse, meist Obst, Gemüse und Dosenware, holen Sie, während Sie bereits an der Kasse anstehen. Oder haben Sie Zeit zu verschenken?

4. Die Kasse naht

Zeit für ein paar Atemübungen. Tief einatmen, den Atem kurz anhalten und beim Ausatmen gleichzeitig alle Spannung loslassen. Konzentrieren Sie sich ganz auf das Laufband.

Beim Auflegen der Waren auf das Förderband strenge Disziplin walten lassen. Zuerst kommen Dosen, Hartpackungen, Flaschen und Kartoffeln. Dann kommen die weicheren Verpackungen und ganz zum Schluss erst legen Sie

Joghurt, Obst, Tomaten und alle weichen oder zerbrechlichen Waren auf das Band.

5. Kopf an Kopf mit der Kassiererin

Regel Nummer 1: Folgen Sie sofort den Anweisungen der Kassiererin. Drehen Sie Ihren Wagen vorschriftsmäßig um. Heben Sie unaufgefordert Tüten,

108

Einkaufstaschen und -körbe hoch und demonstrieren Sie damit Ehrlichkeit und Loyalität.

Beginnen Sie sofort mit dem Zurückräumen in den Wagen. Versuchen Sie nicht, die Artikel gleich in die mitgebrachten Taschen zu verfrachten. Das mögen die Kolleginnen nicht und Sie haben auch nicht so viel Zeit. Bezahlen Sie sofort und möglichst nicht mit Kleingeld. Das Suchen nach Pfennigstücken kostet unnötig Zeit und grämt die hinter Ihnen Wartenden.

6. Ab zum Einräumen

Verlassen Sie fluchtartig die Kassenzone und suchen Sie einen freien Platz am Einpacktresen. Stellen Sie Ihren Wagen dort mit der schmalen Seite zum Tisch und nicht mit der Längsseite. Denken Sie platzsparend und haben Sie Mitleid mit den anderen. Schließlich leben wir in einer Solidargemeinschaft.

In der gleichen Reihenfolge wie beim Legen der Waren aufs Band räumen Sie zügig Ihre Taschen ein.

Bringen Sie sofort Ihren Wagen zurück.

und Tschüss...

7. Gleich ists geschafft

Verlassen Sie sofort den Markt, nachdem Sie noch
das Werbefaltblatt für die nächste Woche
in die Tasche gesteckt haben.
Begeben Sie sich sofort auf dem direkten Weg
nach Hause.

8. Lohn der Mühe ...

Wenn Sie zu Hause
angekommen sind,
verstauen Sie die
Waren sofort in

Vorratskammer und
Kühlschrank.
Jetzt haben Sie sich was

110

verdient. Gönnen Sie sich ein schönes Tässchen Amaroy-Kaffee oder Westcliff Früchtetraum oder ein Täfelchen Choceur Herbe Sahne. Nehmen Sie sich jetzt Zeit für sich. Seien Sie stolz auf sich, bewundern Sie Ihre Fitness, Ihre Disziplin, Ihre Gelassenheit und Heiterkeit. Jetzt ist auch Zeit, sich die großen und kleinen Fehler zu verzeihen, die Sie vielleicht noch gemacht haben.

Klopfen Sie sich anerkennend auf die eigene Schulter, denn Sie sind auf dem richtigen Weg.

Lauras-Stern-Plätzchen

300 g Sonnenstrahl
Weizenmehl
200 g Butter oder
Margarine, z.B. Bel-
lasan
100 g Zucker
1 Päckchen
Vanillinzucker
1 Ei
1 TL Backpulver
1 Spritzer Zitronen-
saft oder
Zitronensäure
*Glitzerperlen zum
Verzieren*

Mehl und Backpulver gut mischen und in eine Schüssel sieben. Den Zucker, Vanillinzucker, den Zitronensaft und das aufgeschlagene Ei dazugeben und mit einer Gabel verrühren. Butter oder Margarine flöckchenweise darüber verteilen. Das Ganze von außen nach innen schnell zu einem glatten Teig verarbeiten. Das geht übrigens mit kalten Händen am besten. Den Teig in Frischhaltefolie eingeschlagen mindestens 1/2 Stunde im Kühlschrank ruhen lassen.

112

Den Ofen auf 190 Grad vorheizen.

Nach ausreichender Ruhezeit auf der Arbeitsfläche ausrollen. Um das Ankleben am Nudelholz zu vermeiden, auf den Teig Frischhaltefolie glatt auflegen, dann erst ausrollen.

Mit Ausstechförmchen Sterne ausstechen, auf das mit Backpapier belegte Blech legen und im vorgeheizten Ofen auf der mittleren Schiene 10 Minuten backen.

Nach dem Auskühlen auf einem Gitterrost mit einem hellen Guss, z.B. aus Puderzucker, Zitrone und wenig heißem Wasser bestreichen und mit Glitzerperlen verzieren.

Es dauert: 15 - 20 Minuten (ohne Ruhezeit)
Es kostet: etwa 1,18 DM (ohne Glitzerperlen)

Tipp:

Wenn nur ein Spritzer Zitronensaft benötigt wird, genügt es, wenn die Zitrone mit einem Zahnstocher angestochen und der Saft leicht ausgedrückt. wird. Die Zitrone bleibt so länger frisch.

113

Professorkuchen

200 g Sonnenstrahl
Weizenmehl
200 g Zucker
180 g Butter oder
Margarine, z.B. Bel-
lasan
2 Eier
1 Becher Joghurt
2 TL Backpulver
*je 1/2 TL Zimt und
Nelken (gemahlen)*
2 EL Trinkschoko-
ladenpulver

Die Eier mit der weichen Butter oder Margarine und dem Zucker schaumig rühren. Alle weiteren Zutaten, den Joghurt am Schluss, zugeben und unterrühren. In einer gefetteten Form, z.B. einer Kastenform, bei 190 Grad ca. 50 Minuten backen.

Dieser Kuchen hat seinen Namen zu Recht. Er ist so einfach, dass es nichts ausmacht, wenn man sehr zerstreut ist. Man muss nur die Zutaten in die Schüssel streuen. Gelingt immer.

Es dauert: 10 Minuten (ohne Backzeit)
Es kostet: etwa 2,87 DM

Tipp: Trockene Kuchen können nicht nur durch Schlagsahne aufgepeppt werden. Mit frischem Obstsalat oder einfach nur frischen Erdbeeren mit etwas Honig gesüßt wird jeder trockene Kuchen „rutschig". Oder einige Löcher in den Kuchen stechen und etwas Obstsaft aufträufeln.

Noch ein Tipp: Wenn Schlagsahne nicht steif wird, kann ein Spritzer Zitronensaft während des Schlagens hinzugefügt werden.

Bananen-Ge-Nuss-Törtchen

Die Butter oder Margarine mit den Eiern, dem Zucker und Vanillinzucker in einer großen Schüssel schaumig rühren. Die Nüsse mit dem Schokopulver mischen. Die Bananen zerdrücken, mit der Nuss-Schoko-Mischung verrühren und in die Schüssel geben. Das Backpulver unter das Mehl heben, dann nach und nach unter Rühren zum Teig geben.

Den Teig in die Förmchen geben und bei 170 Grad ca. 25 Minuten backen.

Mit Zitronenguss und bunten Perlen oder Gummibärchen bestückt, sind diese Törtchen ausgesprochen geburtstagstauglich.

300 g Sonnenstrahl Weizenmehl
250 g Butter oder Margarine, z.B. Bellasan
2 Päckchen Vanillinzucker
1 Päckchen Backpulver
3 Eier
2 EL Trinkschokoladenpulver
80 g gemahlene Haselnüsse
3 reife Bananen
Papierförmchen oder Muffinblech

115

Es dauert: 13 Minuten (ohne Backzeit)
Es kostet: etwa 3,12 DM

Tipp:Sie können Papierförmchen kaufen. Oder
Sie verwenden die Förmchen aus Keksdosen, z.B.
Danish Butter Cookies. In diesem Fall 2 - 3
Förmchen ineinander stellen.
Je nach Durchmesser der Formen verkürzt oder
verlängert sich die Backzeit.

Die Urkräfte der Natur nutzen: Schön sein mit Aldi

Immer häufiger ist aus Produkttests zu erfahren, dass teure, aufwendig verpackte Kosmetika den gleichen oder gar weniger Nutzen bringen als einfache, preiswerte Produkte.

Seither werden in Aldi-Märkten des Öfteren goldbehangene, nagelstudiogepflegte Damen gesichtet, die neben dem obligatorischen Champagner tiegelweise Tag- und Nachtcremes erwerben.

Neben den Fertigprodukten bieten auch Kühlregal und Obstecke einfache, preisgünstige Möglichkeiten, sich der Erhaltung der persönlichen Schönheit zu widmen.

Einige gute, einfache Rezepte führen wir nachfolgend auf. Übrigens: Diese Kosmetika sind garantiert ohne Tierversuche hergestellt.

Was neben den Zutaten noch wichtig ist:

Gönnen Sie sich wenigstens einmal pro Woche ein paar Schönheitsstunden. Sorgen Sie dafür, dass die Kinder versorgt sind und Sie ungestört im Badezimmer die Seele baumeln lassen können. Die Wirkung pflegender Kosmetika wird durch entspannte Haltung und angenehme Gedanken erheblich verstärkt. Klinken Sie sich regelrecht aus dem Familienleben aus und schenken Sie sich erholsames Wohlfühlen.

Ein nützlicher Helfer ist Entspannungs- oder Meditationsmusik. Auch die gibt es manchmal für kleines Geld bei Aldi.

Salzbad: Entspannend und regenerierend

2 Päckchen Salz in die Badewanne geben und mit 38 Grad heißem Wasser auffüllen. Vor dem Eintauchen prüfen, ob sich die Salzkörnchen gelöst haben.

118

Die Dauer des Bades sollte 15 Minuten nicht überschreiten.
Anschließend die Haut mit klarem, warmem Wasser nachspülen.
Besonders gut wirkt das Salzbad, wenn man sich anschließend in ein
großes Badehandtuch einhüllt und sich liegend eine weitere halbe
Stunde Ruhe gönnt.

Essigbad für schöne Haut

1/2 Liter Essig einem vollen Wannenbad zugeben. Auch hier gilt: Die Badezeit sollte 15 - 20 Minuten nicht überschreiten, damit die Haut nicht zu sehr austrocknet. Mit dem anschließenden Trockenrubbeln werden abgestorbene Hautschüppchen entfernt und gleichzeitig die Durchblutung verbessert. Die Haut mit Körpermilch (z.B. Olana) sanft einmassieren.
Das Essigbad soll verkleinernd auf zu große Hautporen einwirken.

Gesichtspackung bei trockener Haut

1 Eigelb mit 1 TL Öl (z.B. Olivenöl) und 5 Tropfen Zitronensaft verrühren. Mit einem Pinsel auf Gesicht, Hals und Dekolleté auftragen, die empfindliche Augenpartie aussparen. Etwa 15 Minuten einwirken lassen. Anschließend mit Kosmetiktüchern abnehmen, mit klarem Wasser nachspülen und das Gesicht kühlen. Danach Fett- oder Nährcreme (z.B. Lacura Visage Tagespflege) auftragen und sanft einklopfen.

120

Joghurtmaske für straffere Gesichtshaut

Milden Naturjoghurt mit einem Klecks Nachtcreme auf die zuvor gereinigte Haut von Gesicht und Hals auftragen. Etwa 10 Minuten einwirken lassen. Dann mit lauwarmem Wasser und ohne zu reiben abwaschen und mit nährstoffreicher Pflegecreme (z.B. Lacura Visage Nachtpflege) nachbehandeln.
Diese Maske soll die Gesichtszüge straffen.

Nahrung für empfindliche Haut

2 EL Quark mit 2 EL Honig verrühren und mit einem Pinsel auf Gesicht, Hals und Dekolleté auftragen. Die Augenpartie frei lassen. Nach etwa 20 Minuten mit lauwarmem Wasser abnehmen. Die Haut anschließend mit pflegender Creme nachbehandeln. Diese Packung soll - vor allem empfindliche Haut - reinigen und gleichzeitig nähren.

Erdbeer-Gesichtscreme

2 Erdbeeren waschen, putzen und mit der Gabel zerdrücken. Gesichts-creme in walnussgroßer Menge zusammen mit einem Spritzer Zitronensaft gut verrühren.

Erdbeeren reinigen und klären die Haut. Diese Creme wirkt gut bei fettiger und unreiner Haut. Die hergestellte Menge an Creme sollte schnell aufgebraucht werden.

Erdbeeren können - in Scheiben geschnitten - auch als kühlende Maske aufgelegt werden.
Sogar als Zahnbelag- und Fleckentferner für Zähne sollen zerdrückte Erdbeeren, mit der Zahnbürste einmassiert, gut sein.

Nagelpflege mit Hilfe der Natur

Bei zu weichen und brüchigen Fingernägeln soll Zitronensaft helfen. Über einen Zeitraum von zwei bis drei Wochen jeden Abend Nagel und Nagelbett damit einmassieren.

122

Schnelle Hilfe bei angestrengten Augen

Zwei Beutel schwarzen Tee mit heißem Wasser übergießen und nur kurz ziehen lassen. Die Teebeutel auf eine angenehme Temperatur abkühlen lassen und auf die geschlossenen Augen auflegen. So lange einwirken lassen, bis sie kühl geworden sind.
Schwarzer Tee soll abschwellend und regenerierend auf die Augen wirken.

Schöne Hände mit Olivenöl

Trockene, rissige Hände werden wieder geschmeidig, wenn man sie mit einem Schuss Olivenöl einreibt. Mehrere Minuten einmassieren, danach einziehen lassen. Wenn das Öl sehr schnell einzieht, das Ganze gleich noch einmal wiederholen.

In extremen Fällen das Öl über Nacht einwirken lassen. Hierzu empfiehlt sich das Tragen von dünnen Baumwollhandschuhen. So wird die Bettwäsche geschont und die Wirkstoffe des Öls können sich durch die Erwärmung auf Körpertemperatur noch besser entfalten.

Glanz und Festigkeit für das Haar.

1 TL Honig mit 200 ml warmem Wasser geschmeidig rühren. Dann einen Spritzer Essig hinzufügen. Das Haarwasser sanft in Haar und Kopfhaut einmassieren. Gibt Glanz und macht das Haar leichter frisierbar.

Gut überleben in Aldi
Fit und gesund mit der richtigen Einkaufsgymnastik

Ein gesunder und durchtrainierter Körper ist eine der Voraussetzungen für die Bewältigung alltäglicher Arbeit.

Das praxiserprobte Fitnessprogramm hilft - bei regelmäßigem Training - sich mit Eleganz und Stärke den vielfältigen Anstrengungen des Einkaufens im Aldi-Land gewachsen zu zeigen.

Fit mit Kid

Kleinkinder nehmen verhältnismäßig rasch an Gewicht zu. Beginnen Sie also frühzeitig mit rückenschonenden Hebeübungen. Bei regelmäßigen „Trockenübungen" sind Sie schnell fit am Einkaufswagen.

Mit geradem Rücken in die Knie gehen und wieder in die aufrechte Haltung kommen. Dabei immer den Rücken gerade halten und die Atmung nicht stocken lassen. Darauf achten, dass Beine und Arme die Arbeit übernehmen und nicht der Rücken. Eine Übungssequenz sollte pro Durchgang mindestens 15mal wiederholt werden.

Nach und nach die Belastung mit
unterschiedlichen Gewichten steigern.
Verschonen Sie Ihr Kind und üben Sie mit
Gegenständen. Mit Packungen und
Getränkepaketen. Milch- und Safttüten
wiegen pro Packung etwa 1 kg. So
können Sie leicht Ihre Fortschritte
anhand konkreter Gewichte messen.

In der Einkaufspraxis darauf achten, dass
diese gerade Haltung beim Heben des
Kindes in den Einkaufswagen und retour beibehalten wird.

Starker Rücken und kräftige Ellbogen

Vor allem kräftige Ellbogen sind eine elementare Voraussetzung für
die Begegnung am Wühltisch. Ein starker Rücken hilft beim
Hineinwuchten schwerer Sonderartikel in den Wagen.

Aufrecht stehen. Die Hände in den Nacken legen und verschränken.
Die Füße in Hüftbreite stellen, damit ein sicherer Stand gewährleistet
ist. Den Körper unter Einatmen leicht nach hinten strecken. Die Ellbo-

126

gen zusammen mit dem Ausatmen 8-10mal nach hinten federn. In gerader Haltung einatmen. Mit erneutem Ausatmen den Oberkörper locker nach vorne fallen lassen und entspannen.

Diese Übung sollte 10-15mal wiederholt werden.

Lockere Handgelenke und flinke Finger

Die Hände sind neben dem Kopf die wichtigsten Einkaufshilfen. Mit entsprechendem, regelmäßigem Training können ungenutzte Kraftreserven mobilisiert werden.

1. Übung:
Beide Ellbogen auf dem Tisch aufstützen. Mit der linken Hand das rechte Handgelenk umfassen. Die rechte Hand öffnen und 10mal nach rechts, anschließend 10mal nach links drehen.
Hände loslassen und aus dem Handgelenk heraus locker ausschütteln.
Die Übung gegengleich wiederholen.

2. Übung:
Beide Hände zu Fäusten ballen und mit aller Kraft anspannen. Die Spannung fünf Sekunden halten und mit dem Ausatmen loslassen.

Die Hände stark spreizen und wieder mit dem Ausatmen die Spannung loslassen. Insgesamt 15-mal wiederholen. Nach Bedarf zwischendurch die Hände durch Schütteln lockern.

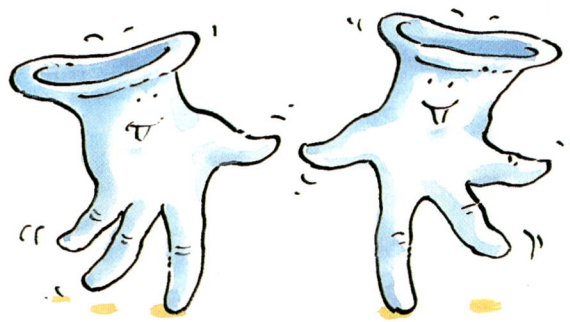

Diese Übung kräftigt nicht nur die Hände, sondern auch die Muskeln der Unterarme.

3. Übung:
Die Finger beider Hände ineinander haken. Mit aller Kraft die Hände auseinander ziehen. Bis sieben zählen, dann loslassen und entspannen. Insgesamt 10-mal wiederholen, wobei die Hände zwischen den Sequenzen geschüttelt und dadurch gelockert werden.

Flacher Bauch

Ein flacher, gut trainierter Bauch
entlastet auch den Rücken bei schweren
Hebevorgängen.
Die erste Übung lässt sich vor Ort auch
bei Wartezeiten im Stehen und für
Außenstehende nahezu unsichtbar
ausführen.

1. Übung:
Aufrecht hinstellen, die Füße stehen parallel in Hüftbreite. 3mal tief ein- und
ausatmen. Nach dem nächsten
Ausatmen den Bauch ganz kräftig
einziehen, als wollte er die Wirbelsäule berühren. Bis sieben zählen
und entspannen. Insgesamt ungefähr 10mal wiederholen.

2. Übung:
Auf den Boden setzen und Arme seitlich etwas nach hinten abstützen.
Eine leichte Packung oder Pappschachtel (z.B. Cornflakes) zwischen
den Füßen einklemmen. Mit gestreckten Beinen 15mal hochheben,
Füße zwischendurch immer wieder ablegen und entspannen. Fortge-

schrittene steigern die Effizienz mit immer schwereren Packungen. Üben Sie so lange, bis Sie mühelos Großpackungen mit Waschpulver heben können.

Für bestes Stehvermögen

Manchmal bedeutet Einkaufen auch ermüdendes Stehen oder nur langsames Vorwärtskommen. Generell ist beim Schlangestehen immer darauf zu achten, dass die Belastung regelmäßig von einem auf den anderen Fuß verlagert wird.

Bei langer Wartezeit an den Kassen wirkt eine schnelle und einfache Übung müden Beinen entgegen und kurbelt Durchblutung und Kreislauf an:

Mit beiden Händen am Einkaufswagen festhalten. Bei durchgedrückten Beinen schnell auf die Zehenspitzen steigen und gleich wieder auf den ganzen Fuß stellen. Beliebig lange wiederholen.

Eine Variation zu dieser Übung, wenn Sie nicht auffallen wollen: Die Übung wie oben ausführen, jedoch die Beine nicht durchdrücken, sondern in den Knien einknicken. So ist Ihr Fitnesstraining am Wagen für andere kaum zu sehen.

Gut für Duchblutung und Kräftigung der Unterschenkelmuskulatur ist auch die folgende Übung:

Einen Fuß leicht vom Boden heben und nach vorne ausstrecken. Dann die Fußspitze kräftig nach oben anziehen. Danach den Fuß ganz durchstrecken. Beliebig wiederholen. Wechseln und mit dem anderen Fuß üben.

Last but not least: Gehirnakrobatik

Mentale Fitness und Flexibilität beim Denken sind unabdingbares Muss im Leben. Nicht nur beim Einkaufen und Kochen. Das beschleunigt jegliche kreativen Prozesse, stärkt den Verstand und erweitert gedankliche Horizonte.

1. Übung:
Beginnen Sie zunächst damit, dass Sie sich mindestens fünf Produkte Ihres Einkaufszettels merken. Lernen Sie nicht einfach stur auswendig, sondern stellen Sie sich gleichzeitig vor, wie Sie die Produkte sinnvoll im Haushalt einsetzen oder zubereiten werden. Stellen Sie sich vor, wo die Sachen aufbewahrt werden. Mit zunehmender Erfahrung kann die Anzahl der gemerkten Produkte sukzessive gesteigert werden.

2. Übung:
Halten Sie sich im Kopfrechnen fit. Während des Einkaufens rechnen Sie die voraussichtlich zu zahlende Summe mit. Beginnen Sie mit vollen Beträgen, also 3 DM anstatt 2,98 DM. Wenn diese einfache Rechenart mit der Zeit zu langweilig wird, rechnen Sie im zweiten Schritt so, dass Sie die bisher nicht berücksichtigten Pfennigbeträge kurz vor der Kasse überschlägig zusammenrechnen und von der Gesamtsumme abziehen. Ganz Fortgeschrittene rechnen dann sofort die genauen Beträge zusammen.

3. Übung:
Diese Übung ist besonders zur Förderung des kreativen Denkens und Visualisierens geeignet.

Gehen Sie durch den Aldi-Markt, als würden Sie durch Ihre eigene, riesige Vorratskammer flanieren, und überlegen Sie spontan mindestens drei komplette Mahlzeiten, die Sie aus den dort erhältlichen Zutaten zubereiten können. Diese Gerichte sollten nicht zu Ihrem Routinerepertoire gehören. So lernen Sie spielerisch das Erfinden neuer, vielleicht ungewöhnlicher Speisen und halten ganz nebenbei Ihre Gehirnzellen fit.

Vorsicht: An diese Übung sollten sich nur Fortgeschrittene wagen. Sonst laufen Sie Gefahr, mehr Frischware einzukaufen, als in der Mindesthaltbarkeitszeit zu verarbeiten ist. (Siehe auch Kapitel „Strategische Planung".)

Sage mir, wie du einkaufst, und ich sage dir, wer du bist!
Der ultimative Psychotest

1. Gehen Sie zusammen mit Kind/Kindern einkaufen?

Ja, keine Frage. Kinder sollen möglichst früh den regelmäßigen Kontakt mit der Marktwirtschaft pflegen. ☐ AA

Manchmal. Solche intensiven Eindrücke sollte man möglichst behutsam und einfühlsam dosieren. ☐ A

Selten. Und nur, wenn es sich gar nicht vermeiden lässt. In solchen Fällen ist für genügend Spielzeug und andere Ablenkung gesorgt. ☐ B

Nein, nie. Mein Kind - in Aldi? Kommt nicht in die Tüte! ☐ C

2. Wie viele Ihrer Haushaltseinkäufe erledigen Sie bei Aldi?

134

Ich verstehe die Frage nicht. Alles kaufe ich in Aldi. Gibt es denn noch andere Läden? ☐ AA

Was ich brauche im Haushalt, kaufe ich bei Aldi. Erst nach dem Aldi-Besuch gehe ich in das Geschäft, wo ich die paar Sachen bekomme, die es nicht im billigsten Discounter gibt. ☐ A

Ich kaufe nur ganz bestimmte, getestete oder empfohlene Artikel dort. Allerdings setze ich während des Einkaufs Sonnenbrille und Hut auf. ☐ B

Ich kaufe nur Tagescreme, Olivenöl und Champagner in diesem Markt, dessen Name mir im Moment leider entfallen ist. ☐ C

3. Interessieren Sie sich bei Aldi für Artikel aus dem Bereich Non-Food?

Ja, klar. Alles in Aldi ist interessant. Deshalb lese ich auch regelmäßig die Anzeigen und die Werbefalt-blätter. Und wenn ich was haben möchte, bin ich rechtzeitig da. Mittwoch um neun. ☐ AA

Ja, ganz gut, was die da manchmal so haben. Echt interessant. Aber extra deshalb 'ne Zeitung kaufen? Nee. □ A

Nein. Das ist nun wirklich nicht der richtige Ort, um Fahrräder, Kinderjeans und Gartenmöbel zu kaufen. □ B

Non-Food? Kenne ich nicht. Hat das was mit Gehbehinderung zu tun? □ C

4. Wie oft besuchen Sie Ihren Aldi-Markt?

Ooch, ich schaue schon jeden Tag mal rein. Man trifft ja so nette Leute dort. □ AA

Einmal pro Woche mache ich Großeinkauf; die paar Kleinigkeiten, die sonst noch fehlen, hole ich zwischendurch. □ A

Nicht öfter als zweimal im Monat. Die Nudeln, Konservendosen und das Toilettenpapier hält ja ewig. Frisches kaufe ich woanders. □ B

Also, einmal war ich schon da. Mit dem Erich zusammen. Alleine gehe ich nicht, ich habe den Weg dorthin vergessen. □ C

136

5. Wie fühlen Sie sich in Ihrem Aldi-Markt?

Ehrlich gesagt, ich brauche das. Im Aldi ist Leben,
da kann man reden, wie einem der Schnabel
gewachsen ist. ☐ AA

Mir geht es ganz gut da. Ich habe mich daran gewöhnt.
Außerdem ist das ein gutes Training. ☐ A

Seit ich bei der Volkshochschule einen Kurs in Selbstverteidigung
belegt habe, geht es mir besser. ☐ B

Fragen Sie nicht! In vier Wochen fahre ich in Kur, dann wird's schon
wieder gehen. ☐ C

OH, MAMMAMIA

VERGISS ES

Auflösung

Güteklasse C:
Hoffentlich haben Sie Ihre Kreuzchen mit Blei-
stift gemacht. Wenn ja, bitte sofort ausradieren.
Wenn das einer sieht! Sie haben sich disqualifiziert.
Bei Ihnen ist leider nichts zu machen. Wie kommen
Sie überhaupt dazu, dieses Buch zu lesen?

Güteklasse B:
Sie sind Anfänger/in. Und das wissen Sie auch. Trotzdem. Sie sind lernfähig und mit eisernem Willen und der nötigen Routine haben Sie gute Chancen, weiterzukommen und in die nächste Güteklasse aufzusteigen. Prüfen Sie zunächst Ihre innere Einstellung zum Thema Aldi. Denken Sie vielleicht: „Was billig ist, kann nicht gut sein?" Tipp: Üben Sie mindestens einmal pro Woche. Sie können zunächst in einem kleinen Markt anfangen und sich mit der Zeit steigern. Es wird schon werden.

Güteklasse A:
Man merkt, Sie sind den Kinderschuhen entwachsen. Sie haben diszipliniert geübt und sich von Niederschlägen nicht aus der Bahn werfen lassen. Trotzdem können Sie Ihre Einkaufskompetenz noch steigern. Wagen Sie sich auch an schwierige Aufgaben! Fragen Sie zum Beispiel, ob Sie in der Schlange vorrücken dürfen, weil Sie es eilig haben.

138

Güteklasse AA:

Bravo! Gratulation! Sie haben sich die goldene Ehrennadel „Held/in des Einkaufs" verdient. Professionell, kompetent, absolut Aldi-tauglich! Ihnen kann man nichts vormachen. Sie haben das Zeug, auch in der Wüste zu überleben. Ihre hart erworbenen Fähigkeiten sollten Sie nicht brachliegen lassen. Geben Sie Ihre Erfahrungen an andere weiter. Bieten Sie zum Beispiel einen Einkaufsgrundkurs für Anfänger/innen an.

Basteln mit Aldi

Fantasielose Menschen behaupten, dass Verpackungen nach dem Öffnen sinn- und nutzlos wären. Unverständlich, denn eigentlich geht es dann erst richtig los. Einfach und preiswert dienen Dosen und Verpackungen in der Zweitverwertung als Grundlage für schöne Bastelarbeiten. Ein Riesenspaß für Kinder!

Je genauer man Weißblechdosen betrachtet, umso eher kommt man zu der Auffassung, dass sie nur übergangsweise zur Aufbewahrung von

140

Nahrung erfunden wurden. Die wahren Werte besagter Dosen offenbaren sich erst im geleerten Zustand.

Die nachfolgend aufgeführten Ideen dienen zur Beflügelung der eigenen Fantasie und können noch schlummernde Bastlerseelen erwecken. Auch hier gilt, was wir eingangs bereits zu den Kochrezepten sagten: Wenn Sie weitere Vorschläge zum Thema „Basteln mit Aldi" haben, schreiben Sie uns. Wir freuen uns auf Ihre Ideen.

Die Wasserlupe

Von einer größeren Blechdose Boden und Deckel entfernen. Dabei darauf achten, dass von den Rändern die überstehenden Reste entfernt wurden. Eine Öffnung mit Klarsichtfolie oder durchsichtiger Plastikfolie stramm verschließen und mit einem Gummiring befestigen.

So ist schnell ein preiswertes Vergrößerungsglas hergestellt, mit dem erste Entdeckungen in der Unterwasserwelt von Meer, Bach oder Badewasser gemacht werden können.

Die Sonnenuhr

Diese Bastelei ist hervorragend für einen sonnigen Wochenend- oder Ferientag geeignet.

Den Deckel einer großen Dose entfernen. Diese mit Sand füllen und in die Mitte einen ungefähr 25-30 Zentimeter langen, geraden Stab senkrecht einstecken. Gegebenenfalls den Sand mit etwas angerührtem Kleister vermischen, damit die Konstruktion besseren Halt hat.

An einen Platz stellen, der den ganzen Tag über sonnig ist. Bei jeder vollen Stunde mit einem wasserfesten Stift einen Strich machen und die Uhrzeit an den Rand schreiben.

Diese Sonnenuhr ist natürlich nicht sekundengenau wie eine Funkuhr, dafür aber bestens geeignet, Kindern nicht nur das Lesen der Uhrzeit beizubringen, sondern auch den Ursprung der Festlegung von Zeit.

Büxxi - die freundliche Laterne

Unser Bastel-Liebling ist Büxxi. Liebevoll hergestellt hat er das Zeug, zum Familienmaskottchen zu werden.
Von einer möglichst großen Dose den Deckel sauber entfernen.① Zunächst alle Kronkorken in der Mitte mit einem Loch versehen. Dafür können der Nagel und ein Holzklötzchen zum Unterlegen benutzt werden.②
Für die Arme an beiden Seiten der Dose in der Längsmitte je ein Loch einstechen③.
Zehn Kronkorken auf ein Stück dünnen Metalldraht auffädeln④ und durch das Loch an der Seite der Dose ziehen.⑤ Innen mit der Metall-Enden zange die überstehenden verletzungssicher verdrehen. Mit dem an- deren Arm genauso verfahren.
Für die Beine an der Unterseite der Dose 2 cm vom Rand entfernt ebenfalls zwei Löcher bohren.⑥ Nun zweimal je fünfzehn Kronkorken auf Drahtschnur auffädeln und genauso befestigen, wie schon für die Arme geschehen.

Sie brauchen:
1 große Dose
50 Kronkorken
dünnen und etwas dickeren
Metalldraht
Metallverschluss einer Mineralwasser - oder Limoflasche
Nagel
Hammer und Holzklötzchen
Dosenmilcheinstecher

143

Mit dem Dosenmilch-einstecher mehrere Löcher für die Augen und den Mund stechen.⑦ Diese lassen später das Kerzenlicht durchscheinen. Nun für die Nase den Flaschen-verschluss zweifach durchbohren und ein etwa 8 cm langes Stück dünnen Draht durchstecken. Zwischen den Armen in der Dose ebenfalls zwei Löcher bohren und den Flaschenverschluss anbringen.

Und wenn Büxxi als St. Martins-Laterne getragen werden soll:⑧ Knapp unterhalb des oberen Dosenrands und ober-halb der Arme an beiden Seiten je ein Loch bohren. Durch diese beiden Löcher dicken Metalldraht zie-hen, der vorher v-förmig gebogen wurde. So kann Büxxi an einem La-ternenhalter sicher von Kindern getragen werden. In der Dose ein Tee-licht oder eine Lampionkerze befestigen. Talentierte Bastler können auch ein Kabel und eine Lampenfassung anbringen und Büxxi so per Schalterdruck zum Erstrahlen bringen. Diese Version ist für Innenräu-me geeignet. Büxxi ist ein wahrer Zauberkerl. Er sitzt gerne auf Fen-sterbänken und bewacht so Wohnung oder Haus. Er hält sich auch be-sonders gerne in Kinderzimmern auf und überzeugt durch sein Leuch-ten kleine Mitmenschen davon, dass es neben Nachtgespenstern auch gute Geister gibt, die Schlaf und Träume von Kindern bewachen. Zu diesem Zweck denken sich Erwachsene am besten eine schöne Geschichte aus.

145

Der Regenmacher

Aus der Plastiktüte zwei kreisrunde Flächen
ausschneiden - als Form dafür kann eine gebrauch-
te Dose verwendet werden. Eine Rundfläche um ein
offenes Ende der Papprolle legen und mit einem
Gummiring dicht verschließen. Nun die Papprolle

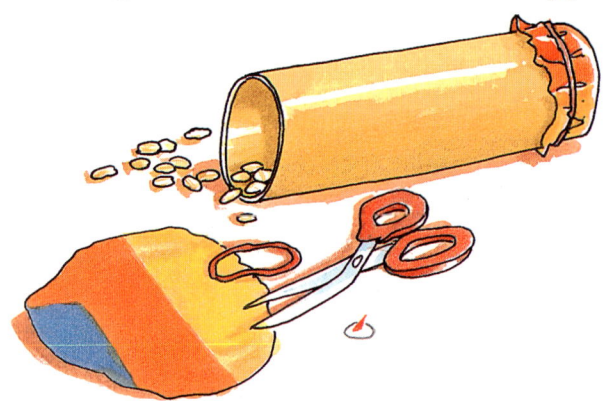

mit Reis füllen und das andere Ende ebenfalls
verschließen. Fertig.
Das Regenmachen funktioniert so: Das Instrument
waagrecht halten und sehr langsam zur Seite
kippen. Das so entstehende Geräusch klingt wie
heftiger Dauerregen. Manche Magier behaupten,

diese Töne würden freundliche und regenwillige Wolken anziehen. Egal, was man davon hält: Es käme auf einen Versuch an.

Vielleicht stimmen Sie nach diesen Vorschlägen bereits zu, dass Aldi genau genommen ein Bastelgeschäft ist, das netterweise auch noch leckere Lebensmittel in den Bastelartikeln versteckt.

Falls nicht, hier noch einige Ideen:

Was man mit Kronkorken, Schraubdeckeln, Kartons oder Lebensmitteln noch machen kann

Aus *Kronkorken* lassen sich leicht Spielsteine für ein Mühle- oder Damespiel herstellen. Einfach mit metalltauglichem Lack oder wasserfesten Filzstiften bemalen. Das Spielbrett kann aus festem Karton geschnitten und mit entsprechenden Linien bemalt werden.

Aus *Schraubdeckeln* lassen sich Broschen oder Anstecker machen. Broschennadel auf der Rückseite mit Sekundenkleber anbringen und die Vorderseite mit Bastellack bemalen. Man kann auch Fotomotive aufkleben und mit Klarlack versiegeln.

Aus den *Kartons* oder Pappschachteln, die von Großeinkäufen zurückbleiben, lässt sich mit genügend Fantasie ein ganzes Spieldorf, zum Beispiel

147

Pappenhausen, aufbauen. Die Verbindungen zwischen den einzelnen Kartons können leicht mit Paketschnur hergestellt werden. (Sollte Ihnen die Fantasie hierfür fehlen, fragen Sie zur Not die Kinder.) Wie *Kartoffeldruck* gemacht wird, ist hinlänglich bekannt. Aber wuss- ten Sie auch, dass man mit Zitronenscheiben, Kohl, Lauch oder Zwiebeln hervor- ragende Drucke herstellen kann? Im Prinzip ist jedes Obst oder Gemüse verwendbar, das eine eigene Struktur aufweist. Auf dünnerem Karton können auf diese Art Einladungskarten und Poster gedruckt werden. Jedes Exemplar ist ein Unikat. Garantiert.

Und last but not least - hier noch einmal das Rezept für

Salzteig

2 Tassen Mehl, 1 Tasse Salz, etwas Wasser, 1 TL Tapetenkleister gut vermischen. Hiermit kann man Figuren kneten oder mit Gebäckförmchen beliebige Motive ausstechen. Wenn es schnell gehen soll, bei 100 Grad im Ofen trocknen.

Ausgestochene Förmchen können mit einem Magneten auf der Rückseite versehen zu Zettelhaltern für den Kühlschrank umfunktioniert werden. Dann haben Sie immer einen Platz für Ihren Einkaufszettel.

148

Spielen mit Aldi

Am meisten Spaß macht Zubereiten, Kochen und Essen, wenn man nicht alleine murrend und fluchend vor sich hin wurstelt, sondern wenn die Kinder mitmachen dürfen. So kann man das Angenehme mit dem Nützlichen verbinden. Es liegt an Ihnen zu beurteilen, was angenehm und was nützlich ist.

Mit Kindern kann sogar Kochen zum Spiel werden. In der Praxis erprobt und von unserer Kinderjury für gut befunden ist das Spiel

Der Fernsehkoch

Spielanleitung:
Der junge Fernsehstar spricht in eine imaginäre Kamera und erklärt das entsprechende Rezept während der Zubereitung. Der mithelfende Erwachsene ist natürlich lediglich Assistent. Seine Funktion beschränkt sich auf niedere Arbeiten wie Zwiebelschneiden, Kartoffelschälen und anschließendes Abwaschen. Klar, dass diese Sendung Seriencharakter hat, denn auf diese Weise wurde so manche Kochlust bereits früh geweckt.

150

Schnell umgesetzt und beliebt ist auch das

Restaurantspiel

Die Familie befindet sich im Restaurant. Der Tisch ist festlich gedeckt. (Das können Sie ruhig mal die Kinder machen lassen, auch wenn der Tisch anders aussieht als bei Ihnen.) Es wird nach Karte bestellt, das Essen stilgerecht serviert. Die Rollen im Spiel können unterschiedlich verteilt werden. Spannend sind beide Varianten: einmal die Erwachsenen als Bedienung und einmal die Kinder.
Besonders im letzteren Fall werden Sie sich wundern, mit welch ausgesuchter Höflichkeit Menschen bereits in jungen Jahren ausgestattet sind.
Wenn mehrere Kinder zusammen sind, sei es bei Kindergeburtstagen oder einfach nur so, können noch folgende Spiele eine spannende Bereicherung sein:

Das Fühl-mal-Spiel

Dazu brauchen Sie einige „trockene" Lebensmittel wie Reis, Nudeln, Früchtetee, Nüsse, Mehl. Jede Zutat in eine eigene kleine Schüssel geben. Mit verbundenen Augen raten die Kinder, um welches Lebensmittel es sich handelt.

151

Das Schmeck-mal-Spiel

Verschiedene Früchte mundfertig vorbereiten. Auch hier geht es darum, dass die Kinder - wieder mit verbundenen Augen, diesmal per Kostprobe - erraten, welche Frucht sich hinter dem jeweiligen Geschmack verbirgt. Klären Sie vorher, ob die anwesenden Kinder auch alle Obstsorten mögen, oder ob eines der Kinder auf bestimmte Lebensmittel allergisch reagiert. So wird dieses Spiel zum echten Highlight jeder Kinderfete.
Übrigens: Das Thema Spielen ist unerschöpflich. Genau genommen können Sie aus allem ein Spiel machen. Manchen dient es als Lebensmotto.

Es grüßt herzlich
Ihre Paula B. Spielhof

Das ideale Buch zu Anemones Kraft-Saft!

Die Insel der sprechenden Tiere
Gerhard Mensching (Text)
Uschi Heusel (Illustrationen)
68 Seiten, durchgehend 4-farbig,
gebunden
ISBN 3-909480-30-6
DM 29,80/ sFr. 27,80/ ÖS 218,-

Gesamtverzeichnis schickt gern:
Baumhaus Verlag AG, Vertrieb,
Juliusstraße 12, D-60487 Frankfurt am Main
Tel.: 069/970734-0, Fax: 069/ 970734-16

11 bunte Jahre Baumhaus Verlag

Meine Lieblingsrezepte

Meine Lieblingsrezepte

Meine Sparpläne

Meine Sparpläne

Meine Genusspläne

Diese Tiere haben schrecklichen Durst!
Was können sie bloß tun?

Der große Durst

von **Carola Giese** (Text und Illustration)
24 Seiten plus Vorsatz/Nachsatz,
durchgehend vierfarbig illustriert,
mit einem eingeklebten Lesezeichen
ISBN 3-909480-80-2
DM 22,80/ sFr 21,80/ öS 167,-

Gesamtverzeichnis schickt gern:
Baumhaus Verlag AG, Vertrieb,
Juliusstraße 12, D-60487 Frankfurt am Main
Tel.: 069/970734-0, Fax: 069/ 970734-16

11 bunte Jahre Baumhaus Verlag

Bildgeschichten für kleine Hände...

Ente ist dreckig
ISBN 3-909480-71-3
Katze ist müde
ISBN 3-909480-72-1
Hund hat Durst
ISBN 3-909480-73-X
Eichhörnchen hat Hunger
ISBN 3-909480-74-8
4 Pappbilderbücher von
Satoshi Kitamura
(Text und Illustrationen)
alle durchgehend vierfarbig,
je DM 8,80/ sFr 8,80/ öS 64,-

... von Satoshi Kitamura

Wo ist Heidi?

Ein Goldfisch Versteck-Spiel
Satoshi Kitamura
(Text und Illustrationen)
32 Seiten, durchgehend vierfarbig, ISBN 3-909480-75-6
DM 22,80/ sFr 21,-/ öS 166,-

Gesamtverzeichnis schickt gern:
Baumhaus Verlag AG, Vertrieb,
Juliusstraße 12, D-60487 Frankfurt am Main
Tel.: 069/970734-0, Fax: 069/ 970734-16

11 bunte Jahre Baumhaus Verlag

Ende Oktober 1997 erscheint:

IkeaBana ©

Gleiches Format, 128 Seiten voll Farbe.
Viel Spaß für **DM 16,80**
ISBN 3-909481-17-5

Gesamtverzeichnis schickt gern:
Baumhaus Verlag AG, Vertrieb,
Juliusstraße 12, D-60487 Frankfurt am Main
Tel.: 069/970734-0, Fax: 069/ 970734-16

11 bunte Jahre Baumhaus Verlag